Wolf von Siebenthal

Empfindungsfrau und Intuitionsmann

W

Wolf von Siebenthal

Empfindungsfrau und Intuitionsmann

*Entwerfen wie er –
Gestalten wie sie*

Walter-Verlag
Solothurn und Düsseldorf

Die Deutsche Bibliothek – CIP-Einheitsaufnahme

Siebenthal, Wolf von:
Empfindungsfrau und Intuitionsmann : entwerfen wie er – gestalten wie sie /
Wolf von Siebenthal. – Solothurn ; Düsseldorf : Walter, 1995
ISBN 3-530-81802-X

Satz: Jung Satzcentrum GmbH, Lahnau
Druck und Einband: Westermann Druck, Zwickau
Printed in Germany
ISBN 3-530-81802-X

Dieses Buch widme ich all meinen Patientinnen und Patienten, die meine Kenntnisse bereichert und meine Selbsterkenntnis gefördert haben.

Inhalt

Einführung

Wie erfassen sich die Paare gegenseitig? – Über die psychischen Wahrnehmungsfunktionen des Menschen

1. TEIL: DAS EMPFINDEN

Der Empfindungstyp

Typische Standpunkteinbußen des Empfindungstyps

Die irrationalen Typen und ihre Sexualität

Der Intuitionstyp

Die Intuition als Vermittlerin von Tätigkeiten des Unbewußten

Der Gotteskomplex

Die Intuition als religiöse Funktion

Einführung

Wie erfassen sich die Paare gegenseitig? – Über die psychischen Wahrnehmungsfunktionen des Menschen

Vier «Typen» erleben etwas

Zwei befreundete Paare sind zu einem Spaziergang verabredet. *David* und *Frauke* leben schon lange zusammen, können sich aber nicht zur Heirat entschließen, weil Frauke sich von David mehr Gefühle und Zuwendung wünscht, als er zu geben gewillt und in der Lage ist. Sie haben ein gemeinsames Kind. *Josef* und *Elfriede* sind jung verheiratet.

Sie machen eine kleine Wanderung. Da ruft Frauke plötzlich erschreckt: «Schaut, da ist eben ein Vogel vom Ast jenes Baumes gefallen und hart auf die gepflasterte Straße aufgeschlagen!» – «Das kann doch nicht sein», wendet David sofort ein, «ein Vogel hat doch Flügel!»

Alle vier eilen unter den Baum. Am Boden liegt ein kleiner Vogel. Er bewegt sich kaum noch, Blut fließt aus dem Schnabel, und wenigstens ein Flügel ist gebrochen. Frauke ist zuerst bei ihm, beugt sich über das Tierchen: «O Gott, der arme Vogel. O je, wie ist er zugerichtet. Ach, welch ein Elend. Er leidet sicher sehr. Kann man ihm denn nicht helfen?» Am liebsten würde sie das Tierlein in die Hand nehmen, ihm Schutz geben und es trösten. Es bräuchte ein warmes Nest. Frauke wird sehr traurig und kann die Tränen kaum zurückhalten.

Indessen kommt Elfriede hinzu: «Oh, der Vogel ist ja ganz zerquetscht! Eh, aus dem Schnabel kommt Blut! ... Das ist aber widerlich, das kann ich nicht sehen, äh, das ist ja eklig!» Elfriede wendet sich ab. Sie spürt, wie ihr schlecht wird, und sie entfernt sich noch weiter, weil ein wenig Panik in ihr aufkommt.

David beugt sich prüfend über den Vogel: «Ein Sperling! – Der konnte nicht fliegen. Er war zu schwach, zu wenig entwickelt und wurde von seinen Eltern verlassen. Er ist dann aus dem Nest geklettert. Ein Windstoß riß ihn runter. Die dürftigen Flügel trugen ihn nicht. Beim Aufprall auf den Boden hat er den Kopf zerquetscht und einen Flügel gebrochen. Er wird schnell verbluten und dann sterben.» Damit richtet sich David wieder auf und wendet sich gelassen ab.

Josef betrachtet den Vogel, ohne sich zu bücken: «So ist der Gang der Dinge! Tod und Leben gehören zusammen. Der Vogel hat Pech gehabt. Den einen trifft's früher, den anderen später. Man könnte ihn töten, dann hat er es überstanden. Ich könnte ihn dann mitnehmen und in meinem Garten beerdigen. Vielleicht dann noch ein Kreuz an der Grabstelle aufpflanzen oder eine Blume drauflegen.» Dann aber besinnt sich Josef.

Ihn totzuschlagen hätte den Ekel Elfriedes noch gesteigert, und Frauke hätte ihm Vorwürfe gemacht. So faßte er den Vogel vorsichtig am Flügel: «Man kann ihn nicht auf der Straße lassen, ein Auto könnte ihn vollends plattdrücken.» Josef wirft den Vogel ins Gebüsch am Rande der Straße: «Da kann er sterben, vielleicht findet ihn auch eine Katze. Wenn nicht, wird er bald verwesen. Das gibt Humus.»

Die beiden Paare gehen weiter, aber die Stimmung ist getrübt. Frauke fängt gleich einen Streit an mit ihrem Freund: «Du bist wirklich ohne Gefühl und Herz. Du hast gar kein Mitgefühl. Gibt es überhaupt etwas, was dich anrührt?» David kennt das bereits. Frauke war schon öfters gekränkt und beleidigt, weil er «keine Gefühle zeigt». *Sie* erlebt alles mit Gefühl, *er* aber muß über die Dinge nachdenken. Verärgert sagt er jetzt, die Stimme etwas erhebend: «Du bringst immer deine ewige Leier vor: Ich sei kalt, distanziert, überheblich und so fort, ich will aber über den Dingen stehen und nicht in deine dummen Gefühlsduseleien verfallen ... Ach, entschuldige, ich wollte dich nicht verletzen. Eigentlich liebe ich dich gerade, weil du Gefühle und ein Herz für alle hast. Nur solltest du endlich aufhören, mir vorzuwerfen, daß ich sie nicht habe.»

Elfriede sagt vermittelnd zu Frauke: «Vielleicht solltest du die Vorzüge Davids besser sehen. Erinnerst du dich nicht, wie sehr du seinen Scharfsinn und sein logisches Denken bewundert hast? (David unterrichtet Chemie und Physik auf dem Gymnasium.) Wie er für alles eine Erklärung hat. Nimm ihn doch so, wie er ist. Du brauchst jetzt seine Gefühle gar nicht mehr so sehr, du hast doch das Kind, das dich braucht und dich liebt.» Frauke schweigt, und David ist froh, daß damit die Auseinandersetzung zu Ende ist. Doch sprechen beide während des Spaziergangs nicht mehr miteinander.

Dafür fängt Josef einen allerdings weniger scharfen Streit mit Elfriede an: «Du hast gut reden. Du nimmst mich ja auch nicht so, wie ich bin. Du hast mich nur ein Mal in die Spielbank begleitet. (Josef gibt einen guten Teil seines Geldes in der Spielbank aus.) Gut, damals war ein unglücklicher Tag, und ich hatte zum Schluß etwas verloren. Aber du hast es nicht gewagt, auch nur einen Jeton hinzulegen und dein Glück zu versuchen. Es hätte dir das Herz zerrissen, wenn der Croupier deine gesetzten zehn Mark weggeholt hätte. Du wagst nichts und hältst überhaupt an allem fest, was du einmal in Besitz hast.»

Elfriede, ein wenig spöttisch: «Du warst schon manchmal froh, daß ich wenigstens mein Geld zusammengehalten habe, wovon du dann auch gegessen und getrunken hast. Für dein verlorenes Geld häten wir uns eine schöne Kredenz und neues Geschirr kaufen können, und der Seidenteppich, den ich wegen dir nicht kaufen konnte, tut mir noch heute in der Seele weh. Du aber denkst nicht an mich und an meine Liebe für die schönen Dinge. Du brütest nur über deinen Systemen, mit denen du gewinnen willst. Du bist spielsüchtig... außerdem trinkst du zuviel und lebst ungesund.»

Josef kontert: «Ich bin nicht süchtig. Zweimal im Monat in der Spielbank zu sein ist noch keine Sucht, und der Wein, den ich am Abend trinke, ist von hoher Qualität. Hast du mich schon einmal betrunken gesehen? Und dann: Es stimmt überhaupt nicht, daß ich die schönen Dinge nicht liebe. Ich habe dich doch auch deshalb geheiratet, weil du einen so guten Geschmack hast, dich schön anziehst und pflegst. Allerdings bist du oft viel zu empfindlich. Eben wurde es dir doch schlecht beim Anblick des Vogels.»

Elfriede: «Das mag sein, aber ich kann nun einmal die häßlichen Dinge nicht leiden.» Josef: «Ja, es ist schon gut.» Dann plaudern die beiden über dieses und jenes, was ihnen gerade in den Sinn kommt.

Typische Partnerkonflikte

Wir können aus diesem Beispiel ersehen, daß *die vier Personen ein- und dasselbe Ereignis auf sehr verschiedene Weise erleben,* daß es zwischen den Paaren zu Auseinandersetzungen und Vorwürfen kommt, *weil* sie verschieden erleben. Alle vier nehmen *physiologisch* dasselbe Ereignis wahr (alle «sehen» den heruntergefallenen Vogel), jedoch ist die *psychische Wahrnehmung* grundverschieden. David *denkt,* Frauke *fühlt,* Elfriede *empfindet,* Josef *intuiert.* Das Paar David–Frauke hat offenbar schon sehr oft wegen dieser verschiedenen Erlebnisweise Streit bekommen. Entsprechend lauten auch die Vorwürfe. Sie: «Du fühlst zu wenig», und er: «Du denkst zu wenig». Besonders Frauke ist oft gekränkt, weil er «kalt» und «distanziert» ist. David aber ist irritiert, weil sie von ihm Gefühle verlangt und die kühle Logik seine Denkens als verletzend erlebt.

Diese Konfliktsituation ist typisch für Paare, bei denen ein Partner vorzugsweise *fühlt,* der andere vorzugsweise *denkt.* Sie sind von Natur aus gegensätzliche Typen; und es ist nahezu eine psychologische Gesetzmäßigkeit, daß sich diese ineinander verlieben und dann auch heiraten. Das geschieht unbewußt, und solange es unbewußt bleibt, werden sie ständig aneinandergeraten, sich verletzen und ihre ganz normalen Konflikte auf die Spitze treiben, weil beide das, was ihnen passiert, für unzumutbar halten. Schließlich glauben sie, sie paßten nicht zueinander und sie müßten sich scheiden lassen.

In unserem Beispiel ist es insbesondere Frauke, die von allen vieren am meisten verletzbare *Fühlfrau,* die unsicher ist, ob sie ihren David, der ein Denkmann ist, heiraten soll, obwohl sie ein gemeinsames Kind haben. Beide könnten an ihrer Gegensätzlichkeit scheitern, nicht zuletzt und auch deshalb, weil sie zu wenig darüber nachdenken, warum sie von einander angezogen sind trotz ihrer Gegensätze. Sie haben von ihrem Seelenleben und von ihrer typischen seelischen Grundstruktur noch keine Ahnung. Sollte das Paar scheitern, dann nur wegen mangelnder Bewußtheit und Unkenntnis darüber.

Frauke ist von David verletzt, weil er nur über Ursachen und Wirkungen nachdenkt und Gesetzmäßigkeiten herausfindet, jedoch zu diesem leidenden Vogel keine Beziehung herstellt. Er ist so sehr in seinem Denken verankert, daß er die Wahrnehmung des heruntergefallenen Vogels vorerst verleugnet: «Das kann doch nicht sein, ein Vogel hat doch Flügel!» Erst durch erneutes Denken, warum der Vogel gefallen ist, kann er die Realität akzeptieren. Das Verhalten Elfriedes und Josefs kränkt Frauke nicht, weil beide eine Beteiligung am Ereignis zeigen. Elfriede ist (negativ) beeindruckt und wendet sich deshalb ab. Sie leidet an dem sterbenden Vogel: es wird ihr schlecht. Auch Josef sieht das Leiden des Vogels, und er will ihm «ein Ende bereiten». Auch er beteiligt sich am Geschehen. Daher gibt es für Frauke keine Konflikte mit Elfriede und Josef.

Letztere geraten auch aneinander, aber weniger heftig. Josef wirft Elfriede vor, zu empfindlich zu sein, mit der Folge, daß sie die Flucht ergreifen muß. Sie akzeptiere ihn in seiner Eigenart auch nicht, weil sie seine Risikobereitschaft, seine Neigung zum Spiel negativ einschätzt. Er hält ihre Besorgnis über seine Suchttendenz für übertrieben. Sein Bedürfnis nach «Anregung» durch einen guten Wein ist etwas, was sie kaum nachvollziehen kann. Sie fürchtet Gefährlichkeiten, zum Beispiel das Spiel in der Spielbank und die drohende Abhängigkeit vom Alkohol. Er wirft ihr vor, sie hänge am Besitz und am Geld, was er als kleinlich ansieht. Am Ende ihrer Auseinandersetzungen begraben sie ihren Streit und plaudern, als sei nichts vorgefallen. Beide sind offenbar auch Gegensätze, prallen aber nicht so heftig aufeinander wie David und Frauke.

Aus diesem Beispiel können wir ersehen, daß Elfriede eine stark empfindende Frau, also ein *Empfindungstyp* ist, der naturgemäß das Schöne und Gestaltete liebt. Sie hängt an den schönen Dingen und will sie auch besitzen.

Josef beteuert zwar, er liebe die schönen Dinge auch. Aber das stimmt nur bedingt: Er liebt seine Frau, weil *sie* die schönen Dinge schätzt. Er hortet Geld, um den «großen Coup» zu riskieren, während sie Geld auf die Seite legt, um dafür schöne Dinge einzutauschen.

Wir können weiter erkennen, daß Josef gar nicht so sehr den Vogel als solchen erlebt. Er ordnet das Ereignis in einen größeren Zusammenhang ein: Der Vogel hat «Pech» gehabt (wie Josef bislang im Casino); er muß sterben. Das ist das Schicksal allen Lebens, und der Vogel ist ein Beispiel, wie das Schicksal waltet. Josef hat auch einen Sinn für Religiöses: Er möchte den Vogel begraben und ein Kreuz aufs Grab setzen. Auch scheint er dem Rituellen nicht abgeneigt (die Beerdigung, die Blumen aufs Grab). Das Leiden aber ist für ihn unheilvoll: Man soll es ändern. Der Vogel ist nicht zu retten. Ihn totzuschlagen würde das Leiden aufheben. Er wäre offenbar bereit, Gewalt anzuwenden: So, wie Gott den Vogel sterben läßt, so läßt Josef in der Vorstellung den Vogel sterben. Er benimmt sich ein wenig wie der mächtige Gott. Jedoch nimmt er Rücksicht auf Elfriede und wirft den Vogel in die Büsche. Dort wird er gefressen werden, von der Katze, den Würmern, den Bakterien. So wird daraus Humus. Josef ist ein *Intuitionstyp* und sieht weniger das, was jetzt ist, als das, was künftig ist oder sein kann. Er sieht die *Möglichkeiten,* und er lebt für diese, während Elfriede *für die Wirklichkeit* lebt.

Auch diese Gegensätze *(Intuition – Empfinden)* verlieben sich fast gesetzmäßig ineinander. Im Unterschied zu dem Gegensatzpaar *Denken – Fühlen* wird diese Gegensätzlichkeit aber nicht als besonders belastend erlebt, das heißt, die Konflikte sind erträglicher. Es handelt sich mehr um *Gegenstücke* als um *Gegensätze.* Wenn es auch bei diesem Paar zu schweren Krisen kommt, dann ist es besonders der intuitive Typ, der Anlaß zu Besorgnis geben kann, und zwar wegen seiner Gefährdung durch Sucht, durch sein Streben nach Macht und durch sexuelle Besonderheiten, die etwas mit der Intuition zu tun haben. Davon wird noch ausführlich die Rede sein.

Vorerst möchte ich das bisher Dargelegte weiter verdeutlichen.

Das Ich in seinem «Leuchtturm»

Der Mensch verfügt prinzipiell über *vier Wahrnehmungsfunktionen,* durch die er sich mit der Welt in Beziehung setzt, indem er die Objekte wahrnimmt und ihrer zugleich mehr oder weniger bewußt wird. Wir können uns diese Funktionen als *psychische Wahrnehmungsorgane* vorstellen, durch welche die Wahrnehmung erfolgt.

Nehmen wir an, ein Mensch (das Ich) sitze in einem Leuchtturm – auf einem Berg –, an dem vier Fernrohre mit unterschiedlichen «Objektiven» angebracht sind. Sie stellen die vier Organe dar, durch welche er (das Ich) mit der Welt in Verbindung treten kann. Andere Verbindungen hat er nicht. Er verfügt über eine Lichtquelle, die gleichsam die psychische Energie enthält. Wenn das Ich seine Aufmerksamkeit auf ein Objekt richtet – also durch eines der Fernrohre schaut –, wird die Lichtquelle aktiviert und wirft einen Lichtkegel auf das wahrzunehmende Objekt. Das Ich *besetzt* es dadurch *mit (psychischer) Energie.* Damit ist die Verbindung (Beziehung) zum Objekt hergestellt, die Wahrnehmung funktioniert.

Wir nehmen an, das Objekt sei ein Vulkan, der seine glühende Lava emporschleudert, die zu Tale fließt und Bäume und Büsche erreicht, die in Flammen aufgehen.

Die Sicht des Denkens

Das Ich schaut durch das Fernrohr D (Denken). Es denkt also und *nimmt den Vulkan denkerisch wahr:* Die Lava ist flüssig und sehr heiß im Gegensatz zur Erde. Sie kommt aus dem Inneren der Erde. *Folglich* (!) muß das Erdinnere flüssig sein. Die flüssige Lava muß unter Druck stehen, sonst könnte sie nicht nach oben durchbrechen, *denn* (!) sie fließt dann nach unten und unterliegt somit der Erdanziehung. Wenn sie sich abkühlt, wird die Lava fest. Wenn man also *alle* festen Körper stark erhitzt, werden sie flüssig. Unterkühlt man alle flüssigen Körper genügend, dann werden sie fest. *Das ist die Wahrheit.* Es muß ein *allgemeingültiges Gesetz* sein. Es ist aber auch *logisch,* daß flüssige Körper bei Abkühlung fest werden. Würde ich Wasser abkühlen, würde es fest werden.

Das Ich ist befriedigt, weil es eine (hier physikalische) Wahrheit («Richtigkeit») erkannt und ein allgemeingültiges Gesetz gefunden oder angewandt hat. Alle physischen Körper unterliegen diesem Gesetz. Das Ich ist so sehr befriedigt wegen seiner Erkenntnis, daß es kein Bedürfnis hat, noch durch die anderen Luken zu gukken, weil der Fall «erledigt» ist.

Die Sicht des Fühlens

Wir nehmen nun an, das Ich schaue durch das Fernrohr F (Fühlen). Es *nimmt den Vulkan fühlend wahr.* Sofort fühlt es sich bedroht. Das ist ja gewaltig! Aber der Vulkan ist weit weg, und der Leuchtturm steht ruhig auf einem Berg. «Ich bin sicher», bemerkt das Ich, «der Vulkan kann mir nichts tun.» Doch der Vulkan ist dennoch zerstörerisch: Gras, Bäume, Büsche, Brücken brennen. Er zerstört die Natur, vielleicht auch Tiere und sogar Menschen. *Das ist nicht gut und sehr unsympathisch.* Die arme Natur! Das Ich hat Mitgefühl und wird traurig. Es möchte die schönen Bäume beschützen und kann es nicht. Das Ich ist verletzt, fühlt sich machtlos. Um nicht noch mehr verletzt zu werden, wendet es sich ab – es schaut nicht mehr durch das Fernrohr. Es kann nicht weiter fühlen und erfassen, daß zum Beispiel die Lava sehr fruchtbringend und lebensfreundlich werden kann, denn das Fühlen *haftet*, ja *klebt am Objekt* (dem Vulkan), so wie es *jetzt ist*. Es *urteilt* daher: Der Vulkan ist gefährlich, zerstörerisch, daher unsympathisch und böse. Vulkane sind nicht liebenswert! So lautet das Urteil der Fühlfunktion.

Und schon ist Streit

Wären zwei Menschen im Leuchtturm und der eine blickte nur durch das Fernrohr D, der andere nur durch Fernrohr F und sie würden sich dann über das Wahrgenommene unterhalten, hätten sie gleich Streit. Das Fühl-Ich würde dem Denk-Ich sofort Gefühllosigkeit vorwerfen als etwas Böses. «Du hast kein Herz und lebst mit deinen kalten Gesetzen. Bei dir gilt nur der Kopf. Du hast von der Welt keine Ahnung. Du mit deiner Logik und deinen Schlußfolgerungen!» Das Denk-Ich wäre irritiert und würde urteilen: «Du bist wirklich dumm und kopflos, einfach hysterisch.» Das Denk-Ich wird nämlich durch Gefühle gestört, es kann nicht mehr gut denken und verliert die Orientierung (sein Fernrohr). Das Fühl-Ich wirft dem Denk-Ich vor, daß es denkt und nicht fühlt! Daraufhin ist das Denk-Ich verletzt und wirft dem Fühl-Ich vor, daß es kopflos, eben «dumm» ist.

Würde das Fühl-Ich schweigen, bekäme es keine Vorwürfe vom Denk-Ich, weil dieses mit dem Resultat seiner Wahrheitsfindung bereits zufrieden ist. Da aber das Fühl-Ich eine Fühlbeziehung will und diese nicht bekommt, wird es verletzt und daher vorwurfsvoll oder gar angriffig. Mit diesen nahezu chronischen Konflikten zwischen Fühlen und Denken beschäftigt sich mein Buch *Denkmann und Fühlfrau* (Walter-Verlag 1993).

Wenden wir uns nun dem Ich zu, das durch das Fernrohr E (Empfindung) schaut. Es *empfindet* sehend und hörend sofort den Vulkan und seine Tätigkeit. Das, was es erlebend wahrnimmt, ist der konkrete Vulkan im Ausbruch.

Dieses Ich *empfindet den Vulkan als Vulkan.* Es setzt sich mit diesem realen Objekt in Verbindung.

Er wird zu *seinem* Vulkan. Da das Ich in Sicherheit ist, wird es ausrufen: «Oh, das ist großartig, wunderbar, der Vulkan ist schön!» Daß da Bäume brennen und gewachsene Natur zerstört wird, empfindet das Empfindungs-Ich überhaupt nicht als «böse» oder «unsympathisch» (wie das Fühl-Ich). Ganz im Gegenteil: «Das ist grausig-schön, gewaltig-schön!» Das Empfindungs-Ich hat keine moralischen Bedenken wie das Fühl-Ich. Das Empfindungs-Ich nimmt den realen Vulkan wahr und nimmt ihn so, wie er *erscheint,* gleichsam in Besitz. Es wird erst dann verletzt, wenn das Objekt gefährlich oder häßlich ist und einer gewissen ästhetischen Form oder Gestalt nicht entspricht (wie zum Beispiel der ekelerregende zerschmetterte Vogel). Ein brennender Baum hat eine neue und eigene «Gestalt», weshalb er «grausig-schön» ist. Ein zerquetschtes Tier hingegen oder eine zerstückelte menschliche Leiche hat keine ästhetische Form mehr und wirkt für das Empfindungs-Ich abstoßend. Die Form und das Erscheinungsbild sind also für das Empfindungs-Ich von großer Bedeutung. Das Empfinden hängt an der Erscheinung der Objekte, *an ihrer Oberfläche.* Es setzt sich mit realen, vorhandenen, zu-handenen, handgreiflichen, dinghaften Objekten in Beziehung. *Das Empfinden stellt somit die eigentliche Realfunktion dar* und ist von der Wahrnehmung «Das-ist-ein-Ding» völlig befriedigt.

Auch das Denk-Ich erfaßt Objekte, aber denkerisch, nicht empfindend. Natürlich «sieht» es die Objekte auch, aber es nimmt sie nicht, wie das Empfinden, gleichsam in Besitz. Für den Denktyp ist der Vulkan nie «sein» Vulkan oder überhaupt «dieser Vulkan». Er denkt vielmehr *über* den Vulkan und zugleich über

Vulkane im allgemeinen nach (woher kommt er, was bewirkt er, welchen Gesetzen gehorcht er usf.). Im Grunde bleibt der Vulkan als Objekt weit vom Denken entfernt, das Denken ist darüber erhaben und bewahrt Distanz. Es kann eine zerstückelte Leiche genausogut denkerisch untersuchen wie eine Bakterienkultur oder eine Flasche Apfelsaft. Nichts davon ist sympathisch (Fühlen) oder schön (Empfinden), noch geht das Denken eine besondere Beziehung dazu ein, weil es grundsätzlich *abstrahiert.* Dem Empfinden hingegen genügt das reine Objektsein der Dinge und deren jeweilige Zugehörigkeit zum Ich. *Nur die Empfindungsfunktion vermittelt das Erleben von Besitz. Das Empfindungs-Ich hängt und klebt an den Dingen und will darüber verfügen: «Laß viele schöne Dinge um mich sein – niemand soll sie mir wegnehmen.»* Unter diesem Gesichtspunkt können wir zusammenfassen:

– Das *Denk-Ich* braucht die Objekte, um darüber nachzudenken und vom Konkreten (einzelnen) abstrahieren zu können.
– Das *Fühl-Ich* braucht die Objekte, um sie lieben und Gefühlsbeziehungen mit ihnen herstellen zu können.
– Das *Empfindungs-Ich* braucht Objekte, um sie als solche verfügbar haben und sie besitzen zu können.

Die Sicht der Intuition

Blickt das Ich durch das Fernrohr I (Intuition), ist es schlicht vom Vulkan *ergriffen:* Wie mächtig ist er doch, wie ungeheuer und mitreißend. Großartig, wie die Lava nach unten strömt und alles unter sich begräbt. Welch phantastische Naturgewalt! Der Gott Vulcanus könnte tatsächlich im Innern der Erde tätig sein: diese göttliche Natur! Die brennenden Bäume ergreifen das Intuitions-Ich besonders: Sie werden zerstört; alles Lebende muß einmal sterben, und die Bäume dort hatten kein Glück. Die Natur zerstört, aber sie wird auch wieder neues Leben schaffen. Aus der Lava wird fruchtbare Erde werden. Das Intuitions-Ich «sieht» bereits groß angelegte Plantagen. Korn und Frucht wird es dann im Überfluß geben. Tausende von Menschen werden sich davon ernähren können. – Wieviel Wärme strömt aus dem Vulkan! Könnte man sie nicht nutzen? Zum Wohl der Menschen?

Man brauchte nur ein tiefes Loch in die Erde bohren und Wasserleitungen hineinführen. Das Wasser würde sich erhitzen, vielleicht sogar kochend wieder emporgeleitet werden können. Ganze Städte würden im Winter beheizt werden, oder Dampfmaschinen könnten Strom erzeugen. Das Intuitions-Ich «sieht» zwar den Vulkan, aber es «phantasiert» zugleich eine neue Welt, programmiert etwas, und die Einfälle entwerfen neue Schöpfungen.

Der andersartige Konflikt

Wenn sich Intuitions-Ich und Empfindungs-Ich miteinander unterhalten, dürfte es kaum zu einem sehr ernsthaften Streit kommen, jedoch könnte das Intuitions-Ich dem Empfindungs-Ich vorwerfen, daß es sehr am Objekt haftet und nicht darüber hinaussieht. «Dein Horizont ist eng», könnte der Intuitions-Mensch sagen. Das Empfindungs-Ich hingegen würde dem Intuitions-Ich vorhalten, daß es sich nicht an die Wahrheit und das, was jetzt ist, halte, sondern sich in Phantasien verliere. Beide werden bemerken, daß sie nicht im Gleichklang miteinander schwingen und ein- und dieselbe Sache verschieden erleben.

Wir können feststellen, daß alle vier Ich in einer ganz bestimmten Weise die wahrgenommenen Objekte brauchen:

1. Das *Denken* braucht die Objekte, um sie zu erklären.
2. Das *Fühlen* braucht die Objekte, um sie fühlend zu lieben (und zu schätzen).
3. Das *Empfinden* braucht die Objekte, um sie empfindend zu besitzen.
4. Die *Intuition* braucht die Objekte, um sie zu verändern.

Es ist bis auf sehr geringfügige Unterschiede gleichgültig, ob es Frauen oder Männer sind, die durch die jeweiligen «Fernrohre» schauen. Eine Denkfrau verhält sich grundsätzlich gleich wie ein Denkmann, eine Intuitionsfrau gleich wie ein Intuitionsmann.

Spezialisierung einer Funktion und die notwendige Verdrängung ihres Gegensatzes

Die vier psychischen Wahrnehmungsfunktionen («Fernrohre») sind als Anlage bei jedem Menschen vorhanden. Sie werden aber nie alle in gleichem Maße entwickelt. Es findet eine Spezialisierung statt, indem eine Funktion besonders herausgebildet wird, mit deren Hilfe der Mensch sich schwerpunktmäßig orientiert. *Diejenige Funktion, die am besten entwickelt und hauptsächlich benutzt wird, bestimmt den Typus.*

Die Hochzüchtung einer Funktion ist aber nur möglich, wenn die sogenannte *Gegenfunktion* unterdrückt, das heißt verdrängt wird, weil ihr Wirken die Spezialisierung verhindert. So würde das Fühlen das Denken hindern und umgekehrt. Das Empfinden würde durch die Intuition gestört, weil diese gerade nicht beim jetzt wahrgenommenen Objekt verweilt, sondern es nur zum Anlaß nimmt, Veränderungen (Programme, Projekte, Zukünftiges) als Möglichkeiten zu erfassen. Das Empfinden sträubt sich ja gerade gegen jede Veränderung. Es stört daher die Intuition und umgekehrt. *Die Intuition nimmt die Objekte nicht als jetzige Realität, sondern als zukünftige Möglichkeit wahr. Die Objekte sind für sie nie ganz wirklich.*

Die glückliche Phase der Verliebtheit

Die Verdrängung der Gegenfunktion bringt es mit sich, daß sie unbewußt wird oder bleibt. Unbewußtes wird – eine psychologische Gegebenheit – leicht auf jemanden, der die Gegenfunktion zur Hauptfunktion entwickelt hat, projiziert. Das geschieht in der Phase der Verliebtheit, weil der Verliebte im anderen das liebt und entwickelt vorfindet, was er selbst verdrängt hat oder verdrängen mußte. Dieses Verliebtsein verhilft den Partnern zu einer Art Vollständigkeits- und Ergänzungsgefühl und zur Erkenntnis, der Partner sei ein Stück von einem selbst.

Solche Paare dürfen unbesorgt heiraten, ja sie sollten es. Natürlich weiß das Paar nicht, daß es sich um die jeweilige verdrängte Gegenfunktion handelt, in die sie sich verliebt haben. Das nämlich muß ihnen erst noch bewußt werden, was erst dann möglich ist, wenn die Verliebtheit aufhört, die Projektion zurückgenommen wird und die Andersartigkeit des Partners als Konflikt bewußt und dieser dann akzeptiert wird – ein normalerweise langwieriger Prozeß. *Er kann erleichtert und positiv gestaltet werden, wenn die Partner eine Ahnung von Psychologie haben und über ein Wissen um die vier Wahrnehmungsfunktionen verfügen.*

Dieses Buch will zu diesem Wissen beitragen und zu Bewußtsein bringen, daß die aus der Gegensätzlichkeit der Typen sich ergebenden Konflikte *völlig normal,* gleichsam in der «Natur der Sache» begründet sind. Dieses Wissen erleichtert das Annehmen des Partners ungemein. Noch mehr: Es fördert die Bereitschaft, dem Partner diejenigen Aufgaben zu überlassen, die er aufgrund seiner eigenen Typen-Zugehörigkeit besser erledigen kann. Zum Beispiel wird ein Intuitivmann die Verwaltung des Geldes seiner Empfindungsfrau überlassen, weil diese das Objekt «Geld» wirklich empfindet und es nur «hergibt», wenn sie einen guten Gegenwert dafür einhandelt. Der Intuitivmann gibt das Geld viel leichter und eventuell auch leichtsinnigerweise aus, weil für ihn das Geld «nur» als Mittel zum Zweck, zur Verwirklichung zukünftiger Ziele dient.

Wie man die vier psychologischen Typen erkennen kann

Eine allerdings sehr grobe Methode, den Haupttypus zu erfassen, besteht darin, die betreffende Person zu bitten, einen Menschen zu beschreiben.

Ein *Denktyp* könnte dann zum Beispiel wie folgt antworten: «Herr X (oder Frau Y) ist etwa 50 Jahre alt, also gegen Kriegsende geboren. Er hat spät geheiratet, weil er für seine Studien viel Zeit benötigte. Ich schätze ihn, weil er beruflich tüchtig ist. Er hat allerdings Probleme mit seiner Frau, weswegen er öfters krank ist. Meines Erachtens sollte er sich scheiden lassen, damit es ihm wieder bessergeht. Das würde allerdings für die Kinder nachteilig sein. Aber was nützt ihnen ein kranker Vater! Schon sein Vater war unglücklich verheiratet. Das muß ihn beeinflußt haben. Wir sehen uns selten. Ich kann mit ihm aber gut diskutieren, denn er ist sachlich und überlegt.»

Angenommen, eine *Fühlfrau* würde denselben Mann beschreiben, könnte sie sagen: «Herrn X geht es schlecht, weil er mit seiner Frau nicht zurechtkommt. Das tut mir leid für ihn, denn er ist sehr sympathisch. Er ist gebildet und hat in seinem Fach große Kenntnisse, die ich bewundere. Ich fände es nicht gut, wenn er sich scheiden ließe. Dann wäre seine Frau alleine mit den Kindern, und es wäre für sie nicht leicht, wiederum einen so guten Mann zu finden. Wenn es möglich ist, sollte man Scheidungen vermeiden, denn das tut doch weh, und die Kinder leiden. Ihre Gefühle werden verletzt.»

Eine *Empfindungsfrau* würde dieselbe Person etwa folgendermaßen beschreiben: «Herr X ist ein sehr gut aussehender Mann. Er kommt immer tiptop gekleidet daher, was man nicht von allen Männern sagen kann. Sein Haus ist sehr geschmackvoll, und die Bogenfenster sind besonders schön. Leider genießt Herr X den Garten wenig. Ich weiß, daß er eine schlechte Ehe führt und deshalb öfters krank ist. Das ist nicht schön. Ich finde, er sollte sich scheiden lassen. Ein Mann wie er findet doch sofort wieder eine Frau. Er hat ja auch Geld. Er könnte seine Frau auszahlen und das

Haus behalten oder sich ein anderes schönes Haus kaufen. Die Kinder würden es überstehen. Sie werden groß und gehen dann sowieso aus dem Haus. Sie können dann ihr eigenes Leben leben.»

Angenommen, ein *Intuitionsmann* würde dieselbe Person beschreiben, könnte er sagen: «Also, Herr X ist ein sehr erfolgreicher Mann. Er hat beruflich eine Spitzenstellung und ist sehr geachtet. Sein Haus und sein Garten sind großartig. Früher gab er öfters Parties und lud viele Gäste ein. Ich weiß zwar, daß er das seiner Frau zuliebe tat, weil er meinte, sie wäre dann freundlicher zu ihm. Er hat sich aber getäuscht, denn die Ehe ist unglücklich. Vielleicht liegt es auch an ihm, weil er etwas kühl wirkt und sie mit ihren Gefühlen nicht bei ihm ankommt. Ich glaube nicht, daß es sinnvoll wäre, sich scheiden zu lassen. Er hängt doch an seiner Tochter und liebt sein Anwesen, weil seine Frau es gemütlich gestaltet hat. Würde er sich mehr um sie kümmern, ginge wohl alles viel besser. Wenn er sich scheiden ließe, würde er viel verlieren, und ob er das verkraftet, ist doch zweifelhaft.»

Unser *Intuitionstyp* sieht den Erfolg von Herrn X und das «großartige» Anwesen, die festlichen Parties und glaubt, Herr X habe sie gegeben, um seiner Frau zu helfen. Er betrachtet ihn als bedeutenden Mann, der seine Position nicht durch eine Scheidung gefährden sollte. Die schlechte Ehe sieht er (fast schicksalhaft) als ein Unglück. Es wäre aber nicht sinnvoll, es ändern zu wollen mit dem Risiko eines Verlustes. Unser Intuitionstyp sieht jedoch die Möglichkeit, die Ehe zu verbessern, wenn Herr X sich etwas verändert und sich seiner Frau mehr zuwendet. Er ahnt die geheime Liebe von Herrn X zu seiner Tochter. Er glaubt auch, Herr X habe sich in seiner Frau getäuscht, und erfaßt weiter, daß die Frau am kühlen Wesen von Herrn X leidet und versucht, wenigstens in das Haus «Gemütlichkeit» (Wärme) hineinzubringen.

Ganz anders unsere *Empfindungsfrau:* Sie erfaßt, daß Herr X gut aussieht und sich tiptop kleidet. Weil es nicht schön ist, in einer krankmachenden Ehe zu leben, soll Herr X das Unschöne sozusagen «wegmachen». Er soll sich scheiden lassen, dann ist er alle Probleme los. Als gutaussehender Mann findet er doch sofort wieder eine andere Frau. Außerdem hat er Geld. Damit kann er sich freikaufen und seinen Besitz behalten oder sich einen anderen beschaffen. Die Kinder müssen sich damit abfinden, sie werden sowieso bald ihr eigenes Leben führen. Unsere Empfindungsfrau bewundert die schönen Bogenfenster am geschmackvollen Haus und bedauert es, daß Herr X es nicht genießen kann.

Unser *Fühltyp* sieht das aber ganz anders: Der Fühlfrau tut es leid für Herrn X, weil er sympathisch ist. Sie bewundert seine Bildung. Sie findet es nicht gut, wenn er sich scheiden läßt, weil dann seine Frau allein ist, leiden würde und nicht so schnell wieder einen Mann fände, der gut zu ihr ist. Scheidung tut weh, und die Gefühle der Kinder werden verletzt. Gefühlsverletzungen sollte man grundsätzlich vermeiden, also auch Scheidungen.

Unser *Denkmann* dagegen gibt zunächst Daten wieder, das Alter von Herrn X, und in welche geschichtliche Zeit seine Geburt fällt. Das Heiratsalter ist «spät». Die Ursache für die späte Heirat ist das lange Studium. Deshalb hat Herr X auch Erfolg gehabt: «Er ist tüchtig.» Er ist öfters krank, *weil* ihn seine Frau krank macht. Daher sollte man die Krankheitsursache durch Scheidung beseitigen. Das würde aber eine Benachteiligung der Kinder verursachen. Jedoch nützt ihnen ein kranker Vater auch nichts. Der Denktyp wägt ab und ist vernünftig. Er findet die Ursache, warum Herr X mit seiner Frau nicht auskommt, darin, daß schon sein Vater Eheprobleme hatte, die ihn «folglich» beeinflußt haben. Man kann gut mit Herrn X diskutieren, *weil* er sachlich ist (die «Sachlichkeit» wird vom Denktyp über alles geschätzt, weil keine Gefühle das Denken stören) und weil er, wenn er spricht, auch denkt («überlegt»).

Ich habe hier den recht groben Test so dargelegt, als ob alle vier Versuchspersonen denselben Menschen gekannt hätten. Das tat ich, um darstellerisch bessere Vergleichsmöglichkeiten zu gewinnen. Der Test funktioniert aber auch dann, wenn die Versuchspersonen verschiedene Personen beschreiben. Es ist ja nicht die beschriebene Person an sich wichtig, sondern *wie* sie beschrieben wird.

Rationale und irrationale Beziehungsachse

Abbildung 1 verdeutlicht die Gegensatzpositionen von Denken und Fühlen auf der rationalen Achse. Diese beiden Funktionen sind starke Gegensätze, und Paarbeziehungen zwischen Denktyp und Fühltyp sind, wie schon erwähnt, besonders konfliktreich. Empfinden und Intuition, die sich auf der *irrationalen Achse* befinden, sind *mehr Gegenstücke als Gegensätze*. Paarbeziehungen zwischen Empfindungstyp und Intuitionstyp geraten zwar ebenfalls unausweichlich in Konflikte, die aber in der Regel weniger stark sind. Die ergänzende Funktion des Partners wird auf der irrationalen Achse besser wahrgenommen als auf der vertikalen rationalen. Verlieben aber tun sich immer die Gegensätze.

Denken und Fühlen gehören zur *rationalen Achse*, weil sie *ur-*

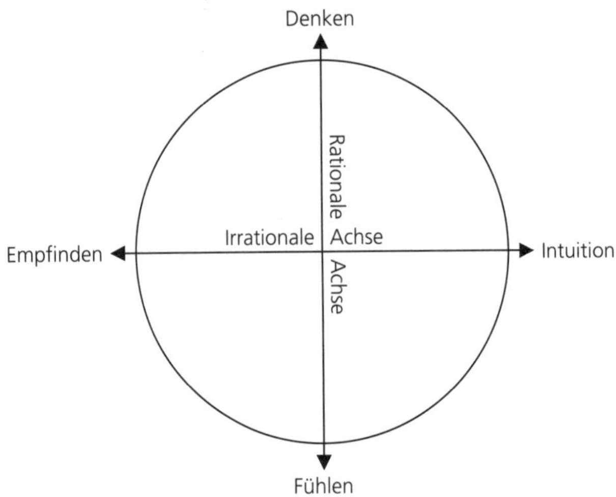

Abb. 1

teilen: Das Denken unterscheidet zwischen Wahrheit und Irrtum, richtig und unrichtig (falsch), logisch und unlogisch. Das Urteil ist eindeutig. Das Fühlen unterscheidet zwischen gut und böse, sympathisch und unsympathisch, liebenswert und hassenswert. Auch dieses Urteil ist eindeutig.

Empfinden und Intuition urteilen nicht. Zwar sagt auch das Empfinden etwas aus über schön und unschön (häßlich), aber diese Unterscheidungen sind nicht eindeutig. De gustibus *non* est disputandum (über Geschmäcker läßt sich *nicht* streiten). Heute sagt man, im Gegensatz zu den alten Römern, daß man über Geschmäcker streiten (also diskutieren) kann. Welche der beiden Versionen «richtig» ist, hängt davon ab, *wer* diskutiert:

Ein rationaler Typ versteht unter Diskussion einen Vorgang, der dazu dienen soll, die Wahrheit zu finden, ein Urteil zu fällen. Ein irrationaler Typ will und kann aber gar nicht zu einem Urteil, also zur Wahrheitsfindung, gelangen. Daher versteht er unter «Diskussion» ein mehr oder weniger vergnügliches Einbringen von Einfällen, ein «Spiel», das man endlos weitertreiben kann. Da die Beurteilung des Geschmackes von der Sache her von vornherein unmöglich ist, kann man über dieses Thema ewig diskutieren. Für den rationalen Typ hingegen ist, wie gesagt, eine Diskussion nur dann sinnvoll, wenn von der Sache her ein Urteil möglich ist. Im Falle des Geschmackes ist das für ihn nicht möglich, und folglich ist jede Diskussion überflüssig. Daher kann man annehmen, daß der Satz «über Geschmäcker läßt sich nicht streiten» von einem rationalen Typ geprägt wurde und der Satz, man könne streiten, von einem irrationalen Typ. Die Auffassungen von irrationalem und rationalem Typ sind also völlig verschieden.

Das Intuieren unterscheidet zwischen Heil und Unheil. Auch darüber läßt sich endlos streiten, zum Beispiel, ob Waffen und deren Gebrauch, ein Sanierungsplan oder eine politische Orientierung heilvoll ist oder nicht. Heil und Unheil sind nicht eindeutig, ganz im Unterschied zur Wahrheit oder zum Guten.

Allgemein formuliert: Das Leben ist nur zum Teil rational. Große Anteile sind irrational. *Nur ein Teil der Seele ist und betä-*

tigt sich rational, ein großer Anteil hingegen ist und betätigt sich irrational. Rationales und Irrationales leben aber offenbar einträchtig beisammen trotz ihrer völligen Andersartigkeit.

Die psychologischen Typen Carl Gustav Jungs

Die Entdeckung der psychischen Wahrnehmungsfunktionen (Denken, Fühlen, Empfinden, Intuieren) verdanken wir C. G. *Jung* (Psychologische Typen, Gesammelte Werke Bd. 6). Er hat aufgezeigt, daß ein Mensch, der, durch welche Umstände auch immer, seinen *Standpunkt* (zum Beispiel den Denkstandpunkt) dauernd aufgibt, um eine andere Funktion zur Hauptfunktion zu machen, psychisch erkrankt. In der Regel führt aber auch die allzu einseitige Hochzüchtung nur einer Funktion zu psychischer Krankheit. Das Heer der Neurosen, Süchte und Psychosen wird durchaus nicht nur durch infantile Traumata verursacht.

Ich muß hier nachdrücklich betonen, daß *insbesondere leichte bis mittelschwere seelische Störungen oft durch Gleichgewichtsstörungen im Verhältnis der Wahrnehmungsfunktionen untereinander verursacht werden.* Davon allerdings haben faktisch nur sehr wenig Ärzte und Psychotherapeuten Kenntnis. Zum Teil rührt dies wohl auch daher, daß *C. G. Jung* seine, meines Erachtens fundamentale Entdeckung, in jüngeren Jahren konzipierte und veröffentlichte, es dann aber unterließ, sein Konzept zu vertiefen, zu differenzieren und durch Kasuistik (Falluntersuchungen) zu untermauern, weil er sich anderen Problemen zuwandte. Zum Teil mag sein Konzept auch deshalb abgelehnt oder nicht beachtet werden, weil heute ein Trend gegen jede Art von Typologie besteht.

Die Menschen betrachten – zu Unrecht – eine Typologie, die auf seelischen Grundstrukturen beruht, mit Skepsis, weil sie befürchten, sie nehme ihnen ihre Individualität. Das ist sicher falsch, weil ja der Reichtum der Seele durch bestimmte Charaktereigenschaften nicht berührt wird. Ein einzelner Mensch kann nicht alle seelischen Bereitschaften entwickeln. Gerade in den Paarbeziehungen kommt es aber darauf an zu erkennen, *daß der Partner nicht so ist wie ich,* und er gerade deshalb besonders liebenswert ist, weil er etwas verwirklicht, was ich nicht verwirklichen kann, ohne schwere Schädigungen hinnehmen zu müssen.

Die Typologie Jungs gestattet nicht nur das Verständnis von kleinen und größeren seelischen Störungen und deren Behandlung durch Bewußtmachung, sie ermöglicht auch eine sehr gute und praktisch handhabbare Orientierung. Sie ist von kaum zu unterschätzender Bedeutung für das Verstehen der Menschen in bezug auf deren Beziehungen und Verhalten und die Entschärfung von Konflikten in Paarbeziehungen, in Gruppen und zwischen Völkern.

Das zweite Standbein

Ich möchte noch erwähnen, daß in der Regel nicht nur eine einzelne Funktion gut entwickelt wird. Meistens wird eine zweite (idealerweise auch eine dritte), wenn auch untergeordnete Funktion entwickelt. Sie darf aber nicht im Gegensatz zur bereits differenzierten stehen, sondern muß auf der «anderen Achse» liegen. Für den Intuitionstyp ist es nicht möglich, ohne schweren Schaden zu nehmen, die Empfindungsfunktion zusätzlich zu entwickeln, weil sie im Gegensatz zur Intuition steht. Der Intuitionstyp kann aber sehr wohl das Denken oder das Fühlen als zweites Standbein in Anspruch nehmen, weil für das Denken und das Fühlen sowohl die Intuition als auch das Empfinden keinen Gegensatz bilden, sondern eine Ergänzung darstellen.

Einer Empfindungsfrau schadet es nicht, wenn sie auch warmherzig fühlen lernt oder durch Denken versucht, ihre Objekte nicht nur zu empfinden, sondern auch noch zu wissen, woher sie stammen und warum sie existieren. Und die Verbindung zwischen Intuitions- und Denkfunktion zum Beispiel ist sogar sehr vorteilhaft, weil die Programme der Intuition durch denkerisches Planen teils kritisiert, teils verwirklicht werden können.

1. Teil

Das Empfinden

Der Empfindungstyp

«Im Haar liegt meine Kraft»

Emilia ist eine attraktive, vitale Empfindungsfrau. Sie arbeitet einige Stunden pro Woche als Fotografin. Ihr Intuitionsmann *Hermann* ist Lehrer für Mathematik und Physik im Gymnasium. Emilia legt Wert auf ihr Aussehen, wobei neben der Kleidung die Haare die allergrößte Rolle spielen.

Eines Tages geht sie zum Friseur. Der Haarschnitt fällt nicht aus, wie sie es erwartet hat. Unmutig, unzufrieden und gereizt verläßt sie den Salon und schwört bei sich, dort nie wieder hinzugehen. Sie erkundigt sich bei Bekannten und Freundinnen, zu welchem Friseur sie gehen. Diese können zwar den Unmut Emilias nicht recht verstehen (weil sie der Meinung sind, die Haare Emilias seien in Ordnung), akzeptieren das aber, weil man über schön und unschön, passend oder unpassend nicht gut streiten kann. Was gefällt und was nicht gefällt, unterliegt keinem eindeutigen Urteil (im Gegensatz zum rationalen Denk- oder Gefühlsurteil).

Emilia geht zu einem italienischen Friseur, beklagt sich über seinen Vorgänger und bittet ihn, ihr die Haare so zu behandeln, wie sie es sich vorstellt. Aber schon während der Arbeit wird sie immer unruhiger und nervöser. Alle Beschwichtigungen und Berichtigungen nützen nichts. Mit schlecht verhaltenen Tränen eilt Emilia nach Hause, wo ihr Mann gerade ein Mittagsmahl bereitet. «Da, schau hin, wie ich zugerichtet bin!»

«Wo bist du denn zugerichtet? Es ist doch alles o. k.»

«Da, die Haare solltest du sehen.»

«Aber die Haare sind doch in Ordnung, die Frisur ist gut. Die Haare sind etwas kürzer, glaube ich, aber sie stehen dir gut.»

«Ja, siehst du denn nicht, daß die hier viel zu sehr abstehen, und da hinten kleben sie, und die Locke da in der Stirn, es ist schrecklich!»

Hermann weiß zwar nicht, was sie eigentlich meint und warum sie so viel Aufhebens wegen etwas so Nebensächlichem macht. Er findet, daß seine Frau gut aussieht. Auch mit einer ganz anderen Frisur würde sie gut aussehen.

«Schau dir diese zwei Haare mal an, siehst du nicht, daß sie an der Spitze gespalten sind? Dieser italienische Kerl hat mich völlig zugrunde gerichtet. Kann man nicht Schadenersatz verlangen?»

An diesem Punkt wird es Hermann ein wenig unheimlich. Von zwei gespalteten Haaren soll die Seligkeit abhängen? Und außerdem: Er kann hinschauen, wie er will, er sieht die Haarspaltung wirklich nicht. Aber dann hat er eine Idee: «Warte doch einfach, bis die Haare nachgewachsen sind, dann kannst du sie dir nach hinten kämmen und sogar einen Pferdeschwanz machen. Ja, ich sehe dich schon mit der neuen Frisur!» Damit ist das Problem für ihn gelöst, denn er hat jetzt ein Konzept für eine neue zukünftige Frisur.

Doch damit hat er Emilia sozusagen den Boden unter den Füßen weggezogen. Zornig-verzweifelt schreit sie: «Weißt du denn nicht, wie lange das dauert? Und was mache ich bis dahin? Soll ich so herumlaufen?»

«Ja, dann zieh dir halt so lange ein Kopftuch über, du hast doch so schöne im Schrank.»

«Das sind Halstücher, du Idiot! Soll ich gar wie ein Moslem auf die Straße gehen? Das nützt mir gar nichts, denn *ich* empfinde, wie häßlich mein Haar ist, *ich* kann mich so nicht ausstehen. Was andere sagen, ist mir egal. Es sind meine Haare, verstehst du!»

«Ja, dann behalte deine Haare halt so, wie sie sind, ich kann sie auch nicht ändern. Es ist mir jetzt zu blöd, mich noch länger damit zu beschäftigen. Außerdem ist es an der Zeit, daß du dich um die hungrigen Kinder kümmerst.»

«So, die Kinder sind dir also wichtiger als ich?»

«Aber nein, natürlich nicht, aber du solltest dich mit etwas ablenken, sonst fängst du noch zu spinnen an.»

Das war zuviel. Sollte sie tatsächlich verrückt werden? Wenn alle anderen denken, die Beschäftigung mit der eigenen Frisur sei verrückt, dann durfte sie darüber nicht mehr reden. Vielleicht sollte sie sich wirklich ablenken? Sie kümmerte sich dann um die Kinder und brachte den Haushalt in Ordnung. Jedoch blieben ihre Gedanken an die Haare fixiert, und sie merkte: «Ich hänge völlig von den Haaren ab. Das ist vielleicht verrückt, aber ich kann es nicht ändern.»

Die extravertierte Empfindungsfunktion und ihre Objekte

Unsere *physiologischen Sinnesorgane* (Hören, Sehen, Schmekken, Riechen, Tasten) nehmen natürlich alles wahr, soweit es physiologisch überhaupt möglich ist. Aber nicht alle Sinneseindrücke erreichen das Bewußtsein. Beim *puren Denken* zum Beispiel spielen die Sinneseindrücke eine sehr untergeordnete Rolle. Die wahrgenommenen Dinge (äußere Objekte) werden dazu benutzt, um über sie nachdenken zu können. Beim *puren Fühlen* dient das Ding mehr dazu, gefühlt, geliebt oder gehaßt zu werden, als daß es in seinem Ding-Sein erfaßt würde. Bei der *puren Intuition* erscheint das Ding nahezu entwertet, es ist als solches fast nicht vorhanden, und die äußere Welt der Objekte wird nahezu irreal. Sie verliert ihren Wirklichkeitscharakter, weil die Empfindungsfunktion am meisten verdrängt ist.

Hat die *Empfindungsfunktion* das *Primat,* das heißt, ist sie zur *Hauptfunktion* ausgebildet worden, werden die anderen Funktionen mehr oder weniger verdrängt, nur die Empfindungen von allen (äußeren) Objekten werden voll bewußt. *Das bewußte Ich ist durch das (äußere) Objekt nahezu völlig bestimmt und davon abhängig.* Der Empfindungstyp *braucht* die Objekte, um zu existieren. Da er mit den Objekten durch sinnliche Wahrnehmung verbunden ist, ist er der *sinnliche Mensch,* das *Weltkind,* der *Realist* und der *Materialist,* letzteres, weil er ohne vorhandene Dinge nicht auskommt. Seine sinnenhafte Direktverbindung mit der äußeren Welt bringt es mit sich, daß der Empfindungstyp ausgesprochen *vital* ist. Er steht «mitten im Leben» und erfreut sich aller Dinge, hängt aber, wie gesagt, auch von ihnen ab.

Solange das Bewußtsein des Empfindungstyps von der Wahrnehmung der Objekte erfüllt ist, verfügt er über ein *volles Selbstbewußtsein und Selbstwertgefühl* und verschafft sich aktiv all jene Objekte, woran sein Herz hängt. Die meisten Menschen bevorzugen bestimmte Dinge, die sie empfinden und sich aneignen möchten. Je enger die Auswahl wird, um so mehr trifft sie deren Verlust, weil sie keine Ausweichmöglichkeiten haben.

Zu den *äußeren Objekten* gehört auch der *eigene Körper,* bei Frauen vor allem die Haare und die sichtbare Haut, aber auch die Körperform. Kleider und Schmuck werden als dem Körper zugehörig empfunden. Solange all das in Ordnung ist, sind diese Empfindungsfrauen vollauf befriedigt und selbstbewußt. Es ist natürlich und selbstverständlich, daß sie viel Aufmerksamkeit, Zeit und Geld dafür verwenden, damit ihnen diese Objekte ihres Empfindens erhalten bleiben. Gerade dadurch werden aber etliche mehr introvertierte Intuitivmänner irritiert, und Männer und Frauen, bei denen das Denken das Primat innehat, betrachten solche Empfindungsfrauen bestenfalls mit Kopfschütteln und Unverständnis. «Wie kann man nur so sehr von seiner Frisur oder seinem Kleid abhängig sein!»

So vital der Empfindungstyp einerseit ist, so prekär und labil wird seine Bewußtseinslage und vor allem sein Selbstwertgefühl, sobald er durch äußere Umstände die Objekte seines Empfindens verliert. Jede noch so selbstbewußte Frau ist plötzlich verunsichert, wird gereizt und auch verstört, fühlt sich deutlich minderwertig. Es erscheint ihr so, als ob das ganze Leben an Sinn eingebüßt habe. In extremen Fällen wird sie depressiv und erlebt ihr Leben als völlig sinnlos. Der partielle oder totale Verlust der Empfindungsobjekte ist für den Empfindungstyp und seine seelische

Gesundheit gefährlich, unter Umständen schwer beeinträchtigend bis katastrophal, wie wir an unserem Beispiel sehen.

«Sehe ich nicht schrecklich aus?» – Depression durch Objektverlust

Emilia suchte nochmals zwei Friseure auf. Einer weigerte sich, überhaupt etwas zu unternehmen, der andere versuchte, die Frisur etwas zu ändern – umsonst. Emilia wurde völlig schlaflos, vernachlässigte die Kinder, Haushalt und Mann, lief unruhig in der Wohnung hin und her und weinte verzweifelt vor sich hin. Kein Zweifel: Ihr Leben war völlig sinnlos geworden, und sie dachte daran, sich umzubringen. Es gab nichts mehr, was sie erfreuen und ihr Selbstwertgefühl wieder verbessern konnte. Sie ging heimlich zum Psychiater und erzählte ihm ausführlich das schreckliche Unglück mit ihren Haaren. «Sehe ich nicht schrecklich aus?» Der Psychiater hüllte sich in dieser Hinsicht in professionelles Schweigen. Hätte er gesagt: «Nein, Sie sehen gut aus», hätte er die Patientin von sich gestoßen, denn sie wollte ja in ihrem Zustand bestätigt sein. Hätte er gesagt: «Ihre Frisur ist tatsächlich schlecht», wäre sie in ihrem Leiden noch bestärkt worden. Aber später sagte er tatsächlich: «Ihr Leben hängt doch nicht von der Frisur ab, es gibt viel wichtigere Dinge im Leben. Hätten Sie ein Bein verloren, wäre es viel schlimmer.» Damit zeigte der Psychiater, daß er von Emilia nichts verstanden hatte. Er hatte keine Kenntnisse von den psychischen Wahrnehmungsfunktionen und den psychologischen Typen und davon, was geschehen kann, wenn die Hauptfunktion schwer verletzt wird. Demzufolge konnte er ihr auch nicht helfen. Er stellte die Diagnose «Depression mit überwertiger Idee», was formal richtig war, und gab ein Beruhigungsmittel.

Emilia schluckte die Pillen, war dadurch etwas gedämpfter und schlief wieder, aber das Grundleiden war nicht behoben. Sie ging zum Hausarzt und sagte ihm, ihr Leben sei sinnlos, und sie wollte nicht weiterleben. Daraufhin landete sie im psychiatrischen Krankenhaus. Auch dort wurde die Diagnose «Depression» gestellt mit dem Zusatz «mit Zwangsideen», eine klinisch korrekte Diagnose.

Wollte man sie *psychodynamisch* ergänzen, könnte man sagen: Emilia hat durch einen wichtigen Objektverlust ihre dominante Empfindungsfunktion derartig verletzt und ihr Bewußtsein von dem positiv empfundenen Objekt abgespalten, daß ihr Bewußtsein gleichsam «entleert» und seiner positiven Energie beraubt wurde. Das führt automatisch zu Depression und Sinnverlust. Das Objekt «Haare» bleibt zwar empfindungsmäßig immer noch besetzt, aber eben in Form von «nicht gut», «nicht schön», «unmöglich» ist es total entwertet. Durch die Verletzung der Empfindung wird diese, weil unerträglich, verdrängt. Dadurch wird – ein psychologisches Gesetz – die unterentwickelte Intuition mobilisiert. Diese ist aber destruktiv und zwanghaft und belegt das Objekt «Haare» mit einer negativen Bedeutung: «Ohne schöne Haare muß und will ich sterben!» Ich werde auf das Funktionieren dieser unterentwickelten Intuition noch ausführlich zurückkommen.

Der Ehemann Hermann hat übrigens Emilia sehr gut geholfen. Obwohl er selbst auf sein Äußeres nicht den geringsten Wert legt, brachte er seiner Frau ihre Lieblingskleider kofferweise in die Klinik und ein mit Schmuck und Make-up gefülltes Beautycase samt einem Fotoalbum mit Erinnerungsaufnahmen ihrer Familie. Er unterstützte also die von vielen so beklagte «Eitelkeit» und die Abhängigkeit Emilias von «eitlen und äußeren Dingen». Er ahnte, daß Emilia nur dann leben konnte, wenn sie die von ihr geliebten Objekte wieder empfinden konnte, obwohl ihm persönlich diese Dinge relativ gleichgültig und unwichtig waren. Er hat also das Anderssein seiner Frau begriffen und stand auch dazu. Das geschieht nicht immer so.

Die Heilung

Die Ärzte äußerten nichts über die psychodynamischen Hintergründe der Erkrankung Emilias und suchten überflüssigerweise nach kindlichen Traumen. Sie meinten, daß solche kindlichen Verletzungen für das jetzige Ereignis ausschlaggebend seien. Wie anders konnte ihre Patientin auf ein so primitives und magisches Niveau fallen, wo die Haare die Lebenskraft bedeuten wie beim biblischen Samson? Zumal die Haare ja noch existierten! Ihre Patientin hatte aber für ihre Interpretationen nichts oder nur wenig übrig. Daraufhin griffen die Ärzte – neben medikamentösen Hilfen – auf die üblichen Methoden zurück: Förderung von Kontakten und Regulierung des Alltagslebens in der Klinik. Sie merkten und akzeptierten aber darüber hinaus, daß für Emilia die Haare wichtig waren. Sie warteten, bis sie länger wurden (zwei Monate). Eine Sozialhelferin informierte einen Friseur und begleitete Emilia dorthin. Sie zwang Emilia, genau und schrittweise anzugeben, wie die Frisur aussehen sollte. Jeden Schritt mußte Emilia laut und deutlich gutheißen. Die Prozedur dauerte viele Stunden, bis buchstäblich jedes Haar seinen, von Emilia gewünschten, Platz hatte. Zum Schluß und unter Verwendung vieler Spiegel wurde Emilia aufgefordert, immer wieder hinzusehen, ob es gut war, um endlich das Gesamturteil abgeben zu können: «So sind sie richtig, jetzt ist es in Ordnung.» Der Friseur meinte allerdings heimlich: «Die Frisur steht ihr zwar ordentlich, aber nicht besonders gut.» Aber für Emilia war sie in Ordnung.

Sie war geheilt. Das Empfinden des Objektes «Haare» funktionierte wieder. Nach und nach empfand sie auch die sonstigen Objekte wieder voll und ganz und erlangte ihre Aktivität und ihr selbstverständliches Selbstbewußtsein erneut zurück. Damit waren sie und die Welt wieder im richtigen Verhältnis, und der Lebenssinn spielte keine Rolle mehr, denn er war dadurch implizit gegeben.

Der Empfindungstyp braucht unbedingt Objekte

Der Empfindungstyp, der die Objekte wieder hat und als wirklich erlebt, hat auch den Lebenssinn. *Weil* er sich wohl fühlt, hat er den Sinn, eine Tatsache, die für den exklusiven Denk-, Fühl- oder Intuitionstyp nahezu unbegreiflich ist. Der Sinn des Lebens soll zum Beispiel im Haar liegen! Für das *empfindende Bewußtsein* ist es aber so. Nur das Konkrete und sinnlich Wahrnehmbare ist für die Empfindung ein Objekt.

Ein purer Empfindungstyp wird normalerweise niemals zum Beispiel für die Idee der Freiheit oder für Jesus Christus auf die Barrikaden gehen, sehr wohl aber für die Einrichtung der Wohnung, für Vorhänge und Tapeten oder für einen schön gedeckten Tisch. Die positive Empfindung des eigenen Körpers («Wie sehe ich aus?») ist wichtiger als der Frieden in Bosnien. Es hat wenig Sinn zu fordern: «Es gibt doch Wichtigeres – für die Menschen Bedeutsameres – als ‹deine schöne Wohnung› oder ‹deine Schminke› oder ‹dein T-Shirt›.» Das gilt für das Fühlen, das Intuieren und für das Denken, aber nicht für das Empfinden, für welches moralische Gesichtspunkte weitgehend uninteressant und wenig relevant sind. *Solange der Empfindungstyp Objekte empfinden kann, ist er vital, befriedigt, sinnerfüllt und selbstbewußt.*

«Wo warst du heute mittag zwischen eins und zwei?»

Erika ist eine Empfindungsfrau und mit dem Intuitionsmann *Heinrich* verheiratet. Sie haben eine 18jährige Tochter und einen 15jährigen Sohn. Erika wollte unbedingt ein eigenes Haus und Kinder. Heinrich ist ein Unternehmer mit wechselndem Glück. Sie führt die Buchhaltung und arbeitet auch sonst in der Firma ihres Mannes mit. Sie stellen Teile für Maschinen her und arbeiten im Auftrag größerer Firmen. Der Mann plant immer wieder neue Unternehmungen und wäre bereit, größere Risiken auf sich zu nehmen. So hat er zum Leidwesen Erikas vor nicht langer Zeit eine

Hypothek aufs Haus aufgenommen, um von dem Geld neue Maschinen zu kaufen. Aber nur ein Teil der Maschinen arbeitet wegen Fehlkalkulation, und Erika ist beunruhigt, weil man finanziell trotz zwölfstündiger Arbeit nur knapp über die Runden kommt. Auch ängstigt sie sich wegen neuer Ideen Heinrichs, den die etwas prekäre Finanzlage kaum stört.

Erika aber hängt am Objekt Geld, am Haus, jedoch auch an Heinrich selbst und den Kindern. Solange sie die Kinder hören und sehen kann und solange ihr Heinrich regelmäßig zu Hause ist, ist für sie alles in Ordnung. Auch die Arbeit mit den Metallstücken macht ihr nichts aus. Sie hat eine Beziehung zu realen Dingen, und solange diese vorhanden oder immer wieder erreichbar sind, ist sie zufrieden.

Plötzlich bemerkte Erika, daß sie ängstlicher wurde, obwohl die knappe Finanzlage sich nicht verschlechtert hatte. Ein Arzt verschrieb ihr vorübergehend Beruhigungsmittel. Sie konnte dann den Alltag wieder bewältigen, aber ihre unerklärliche Unsicherheit wuchs dennoch. Eines Tages wurde sie Zeugin von Heinrichs Untreue.

Als sie ihn dann am Abend stellte und ihm mitteilte, was sie gesehen hatte, gestand er.

«Warum hast du mich angelogen, du Schuft?»

«Ich wollte dich schonen, du hättest mich nie verstanden.»

«Warum soll ich dich verstehen? Bin ich dir nicht mehr gut genug?»

«Das hat damit nichts zu tun. Du hast doch selbst gesehen, daß ich dich mag. Hätte ich sonst weiter mit dir geschlafen?»

«Warum brauchst du dann eine andere? Ist sie jünger als ich?»

«Nein, sie ist sogar älter.»

«Wer ist sie? Ist sie verheiratet?»

«Ja, sie ist sogar gut verheiratet.»

«Liebst du sie? Liebt sie dich?»

«Sie sagt, daß sie mich liebt, aber ich liebe sie nicht.»

«Und warum schläfst du dann mit ihr?»

«Das ist ganz einfach: Ich wollte etwas Neues ausprobieren!»

«Was sagst du da? Du nimmst dir eine andere, nur weil du etwas Neues brauchst?»

«Ja, Erika, einfach eine Veränderung. Wir sind immerhin schon zwanzig Jahre verheiratet, und bislang war ich dir immer treu.»

«Dann hättest du mich also verlassen, wenn sie besser gewesen wäre?»

«Ich wollte dich gar nicht verlassen. Du bist doch meine Frau. Ich habe auch nichts an dir auszusetzen. Ich bin zufrieden mit dir. Ja wirklich, ich will gar keine andere Ehefrau. Und auch im Bett warst du immer gut. Warum soll ich mich von dir scheiden lassen und eine andere heiraten?»

Er denkt: «Wäre es nicht möglich?»

Erika ist völlig fassungslos. Halb weinend, halb erleichtert, aber doch verletzt, sagt sie ungläubig: «Das kann ich nicht verstehen. Nein, es ist mir unbegreiflich. Du gehst zu einer anderen Frau, weil du ausprobieren willst, wie eine andere ist, so als Abwechslung, nur weil sie neu ist, nur weil dir die Veränderung wichtiger ist als ich. Nein, ich werde es nie begreifen. Wenn du mit mir zufrieden wärest, würdest du doch nicht zu einer anderen gehen. Man wechselt doch nur, wenn man unzufrieden ist. Man bleibt doch bei der, die einen befriedigt!»

Jetzt ist Heinrich eine Zeitlang sprachlos, und irgendwie versteht er sich selber nicht. Ein wenig schlecht kommt er sich schon vor, aber nicht eigentlich unmoralisch. Wie war es denn? Er hatte «die andere» gesehen. Er kam zufällig mit ihr beim Einkaufen in Kontakt. Damals kam ihm der Einfall: «*Wäre es nicht möglich,* mit ihr sexuell zusammenzukommen?» Ja, er hatte einfach die Möglichkeit erwogen, obwohl diese Frau nicht speziell anziehend oder etwas Besonderes war. Nach einigen Wochen konnte er sich mit ihr verabreden. Er dachte: «Sieh da, das Mögliche könnte auch Wirklichkeit werden!» Das faszinierte ihn sehr: etwas Mögliches in etwas Wirkliches umzusetzen. Und so kam es zu den Treffen.

Der totale Objektverlust und das Ende

Die Monate vergingen. Erika wachte genau über Heinrich. Sie war etwas beunruhigt. Täglich aber dachte sie: «Wann wird er wieder eine Neue ausprobieren?» Sie traute ihm nicht, oder nur so lange, wie er bei ihr war. Sie suchte wegen Ängsten weiter ihren Arzt auf. Er verstand zwar, daß Erika durch den Seitensprung des Mannes verletzt und verunsichert war, unterschätzte aber die Verlustängste Erikas. Sie selbst öffnete sich ihrerseits nur bedingt, weshalb der Arzt nur in eine zwar nette und freundliche, aber in keine intensivere und wärmere Beziehung zu ihr kam.

Dann konsultierte Erika den Arzt nicht mehr. Nach weiteren Wochen und Monaten sprach Heinrich mit dem Arzt. Er war verstört und gab folgenden Bericht:

Kurz nach dem letzten Arztbesuch Erikas war die Tochter mit einem jungen Mann von zu Hause davongelaufen. Beide hatten in einer weit entfernten Stadt ein Zimmer genommen und Erika mitgeteilt, daß sie vorerst ein neues Leben anfangen wollten und sie sich nicht um sie zu sorgen brauche. Einige Tage später reiste der 15jährige Sohn für vierzehn Tage in ein Jugendlager nach Frankreich. Heinrich selbst hatte große geschäftliche Sorgen und kümmerte sich wenig um Erika. Diese wurde sehr schweigsam und verschlossen und sprach kaum mehr mit ihm. Einmal, als er spät nach Hause kam, fand er Erika nicht im Haus. Auch ihre Freundin wußte nicht, wo sie war. Er hat sich dann im Keller ein Bier holen wollen und dort seine Frau Erika gefunden – erhängt.

Warum dieser Suizid?

Der tragische Ausgang dieses Falles mag zunächst verwundern. Wir müssen aber bedenken, daß Erika eine sehr einseitige – und hinsichtlich der Anzahl der Empfindungsobjekte eher beschränkte – Empfindungsfrau war. Zu ihren Objekten gehörten das Haus und in geringerem Umfang ihre Arbeit. Die wichtigste Beziehung bestand zu ihrem Mann Heinrich und zu den Kindern. Wegen der unguten Geschäftslage wurde das Haus ein unsicheres Objekt und die Arbeit auch. Zudem konnte sich Erika ihres Mannes nicht mehr sicher sein. Sie hatte ihn zwar nach seinem Seitensprung rasch (und mit starken Empfindungen besonders sexueller Art) wieder «in Besitz nehmen» können, jedoch war das für sie kein sicherer Besitz mehr, konnte sich Heinrich doch jederzeit eine neue Frau suchen. Wegen zunehmender Finanznöte vernachlässigte Heinrich dann seine Frau, was für sie bereits ein sehr bedrohlicher Besitzverlust war. Dann verschwand die Tochter unversehens. Als schließlich auch noch der Sohn weg war, hatte sie kein eigenes Empfindungsobjekt mehr – und das ist für den Empfindungstyp tödlich. *So vital dieser ist, solange seine Welt (der Objekte) erhalten bleibt, so unvital wird er, wenn er diese verliert.* «Unvital» heißt hier nicht nur depressiv, sondern auch suizidal.

Man kann einwenden: Erika hätte doch daran denken müssen, was sie ihrem Mann und ihren Kindern antut, wenn sie sich umbringt. In der Tat: Wäre Erika eine *Fühlfrau* gewesen oder hätte sie wenigstens ihre Fühlfunktion ein wenig entwickeln können (als zweites Standbein), hätte sie zwar wegen der Trennung von den Kindern und den Finanznöten ihres Mannes gelitten, jedoch hätte ihr Fühlen die Kinder in der Ferne begleitet (das Fühlen «klebt»), und sie hätte gewartet, bis sie wiederkamen. Die Not mit ihrem Mann hätte sie ertragen und überstanden. Ihr *Wertfühlen* wäre immer noch bestehen geblieben, und aus moralischen Gründen hätte sie sich nicht umgebracht.

Wäre Erika eine *Denkfrau* gewesen, hätte sie sich ebenfalls nichts angetan. Sie hätte gedacht: «Es ist natürlich und logisch, daß Kinder einmal aus dem Hause weggehen. Es ist richtig, daß der jüngere Sohn gern in ein Lager geht. Es ist verständlich, daß mein Mann sich jetzt weniger um mich kümmern kann, weil er zur Zeit Wichtigeres zu tun hat. Wir haben wenig Geld, und das Haus ist in Gefahr, *folglich* werde ich eine Arbeit annehmen und etwas dazuverdienen, dann wird es uns bessergehen.» Als Denkfrau hätte sie die Sachlage und die daran beteiligten Objekte aus der Distanz kühl und sachlich gesehen, und ein Suizid wäre ihr nie in den Sinn gekommen.

Hätte Gott helfen können?

Einige könnten sagen: «Hätte Erika einen Glauben an Gott gehabt, hätte sie sich nicht getötet.» Das ist sicher richtig. Nur, um einen erlebten Gott wahrzunehmen, muß ein Stück Intuition entwickelt werden. Genau das ist beim ausgeprägten Empfindungstyp normalerweise nicht der Fall. Die Empfindungsfunktion ist an äußere handfeste Objekte gebunden. Gott ist nichts, was in der realen Außenwelt als «Ding» vorkommt, und für den Empfindungstyp also nichts Real-Vorhandenes, woraus man seine Kraft ziehen könnte.

Hingegen hätte sich Erika vom Suizid retten können, wäre sie zum Beispiel Mitglied einer religiösen Gruppe oder Kirche *und in deren Personenkreis* stark eingebunden gewesen. Das hätten aber auch weltliche Vereinigungen oder ein atheistischer Kreis sein können. Mit anderen Worten: Der Verlust von Bezugspersonen (-objekten), den Erika erlitten hatte, wäre durch andere so weit kompensiert worden, daß das Schlimmste hätte vermieden werden können.

Wir werden später noch sehen, ob und auf welche Weise es dem Empfindungstyp möglich ist, mit der religiösen Welt einen tragfähigen Kontakt herzustellen. Von Natur aus jedenfalls hat er mit Religion wenig oder nichts im Sinn. Erst die teilweise Verdrängung der Empfindungsfunktion und die partielle Entwicklung der gegensätzlichen Intuitionsfunktion gestatten ihm eine Annäherung an den religiösen Bereich im weitesten Sinne.

Das Objekt muß vor- und zuhanden sein

Die Empfindungsfunktion haftet nur an der Oberfläche der Objekte, und die Haftung ist nur konstant, falls das Objekt ständig vorhanden und zuhanden ist.[1] Der Ehemann, der zu lange wegbleibt (also nicht mehr vorhanden ist), bewirkt sofort das beunruhigende Gefühl des drohenden (Objekt-)Verlustes. Das Empfinden kann den abwesenden Mann nicht so begleiten und mit ihm in Verbindung bleiben wie das Fühlen oder Denken. Er ist «aus den Augen, aus dem Sinn». Bei einer positiven Beziehung ist das beunruhigend. Bei einer negativen Bindung wird alles leichter: Die zurückgebliebene Frau kann andere Beziehungen pflegen oder neue knüpfen.

Die Empfindung braucht immer eine Art von «Aha-Erlebnis»: «Aha, da ist er (sie, es) ja!» (ein Mensch, Blumenstrauß, Kleid usw.). *Je länger abwesend und je weiter weg das Objekt ist, um so irrealer wird es.* Je mehr positive Objekte um den Empfindungstyp versammelt sind, und je sicherer ihre Anwesenheit ist, um so glücklicher, lebenserfüllter und genußfähiger ist er.

Horizonterweiterung durch viele Objekte

Ein gut entwickelter und seiner selbst bewußter Empfindungstyp trägt daher Sorge dafür, geliebte Objekte um sich zu haben. Er ist der geborene Sammler mehr oder weniger schöner oder wertvoller Dinge, die er nicht mehr hergibt und die er um sich haben muß. Vor allem sucht er nach «unverlierbaren» Objekten.

Wie gesagt, ist es für den Empfindungstyp und seine Entwicklung wesentlich, viele Objekte für sein Empfinden zu haben, damit Verluste ausgeglichen werden. Erika in unserem Beispiel hat es versäumt, ihren Horizont zu erweitern. Ihre Empfindungsobjekte waren Mann, Kinder, Haus und ein wenig die häusliche Arbeit. Bis auf eine lose Beziehung zu einer Freundin hatte sie keine anderen Objekte, die ihr empfindendes Interesse hätten erwecken können. Zudem hatte sie keine künstlerisch-schöpferischen Fähigkeiten gefördert noch das ästhetische Empfinden verfeinert. Es war *die Beschränkung ihres Horizontes,* die ihr zum Verhängnis wurde. Die Welt der äußeren Objekte ist ja unermeßlich, und die ästhetischen Genußmöglichkeiten hat Erika, obwohl sie ein Empfindungstyp war, nicht wahrgenommen. Warum sie es nicht tat, liegt nicht in der Begrenzung ihrer psychischen Grundfunktion. Doch diese entwicklungshemmenden Faktoren darzulegen, würde dieses Buch überfrachten.

Ein Beispiel von Horizontenge

Wie schwerwiegend die mangelnde Erweiterung des Horizontes *innerhalb des jeweiligen* Typus sein kann, möge folgendes Beispiel einer Empfindungsfrau verdeutlichen:

Lore lebt seit 20 Jahren mit einem unterentwickelten, das heißt wenig differenzierten Intuitionstyp zusammen. Sie haben ein 16jähriges Töchterchen. Der Mann ist Alkoholiker, hat nur streckenweise und sehr unzuverlässig gearbeitet. Er hatte viele Ideen produziert, was er alles machen könnte. Die eine oder andere hatte er auch realisiert. Kaum hatte er die erwünschte Arbeitsstelle, wurde er ihrer wieder überdrüssig. Er entwickelte neue Einfälle, verwirklichte auch dies und jenes, um schließlich nur noch zu Hause an vagen Zukunftsträumen zu hängen. Was eigentlich in ihm vorging, hat Lore nie herausfinden können. Er erbte etwas, und Lore verwaltete das Erbe. Sie ging arbeiten, umsorgte das Haus und «machte es schön», sie erzog die Tochter und bekämpfte den Alkoholkonsum des Mannes.

Endlich gelang es ihr, ihren Mann zum Arzt zu zerren. Dessen Urteil war eindeutig. Er sagte in Gegenwart Lores zu ihm: «Wenn

Sie nicht sofort das Trinken völlig aufgeben und sich gleichzeitig behandeln lassen, sind Sie in drei Monaten tot. Wenn Sie das nicht für sich tun wollen, dann tun Sie es wenigstens Ihrer Frau und Ihrer Tochter zuliebe. Sie haben doch für beide eine Verantwortung.»

Der Mann sagte zu allem ja. Zu Hause meinte er, es würde jetzt alles anders, und zur Frau «Was täte ich ohne dich». Dann ging er schnell wieder in die Stammkneipe. Nach acht Wochen mußte er mit angeschwollenem Bauch und mit Bewußtseinstrübungen ins Krankenhaus auf die Intensivstation. Es ging dann zunächst etwas besser. Lore machte er schwere Vorwürfe, weil sie ihn ins Krankenhaus gebracht hatte. Acht Tage später starb er in ihrer Abwesenheit.

Warum mußte er sterben?

Drei Monate später kam Lore zum Psychiater. Sie weinte unaufhörlich und schrie anklagend, warum ihr Mann sterben mußte, warum er das Trinken nicht gelassen habe, warum er sie einfach habe hocken lassen. Das Wichtigste, was Lore vorbrachte, waren ihre Schuldgefühle am Tod des Mannes. «Wäre ich nicht arbeiten gegangen und statt dessen zu Haus geblieben, würde er vielleicht noch leben... Wäre ich energischer gewesen, hätte er vielleicht eine Entziehungskur akzeptiert... Würde seine Mutter noch leben, hätte er gewiß das Trinken gelassen.»

Lore ist ganz in schwarz, sehr gepflegt, eine «schöne Frau». Bei weiteren Arztbesuchen ist sie deutlich depressiver. Was ihr zu schaffen macht, ist der Vorwurf ihrer Arbeitskolleginnen, so lange zu trauern und sich auch noch schuldig zu fühlen. Die Tochter ist seit dem Tod des Vaters regelrecht aufgeblüht. Sie hat ihm kaum nachgetrauert und war nur ein bis zwei Wochen nach dem Tod etwas bedrückt und still.

Lore hat überall Fotos von ihm im Haus aufgestellt. Jeden Tag ist sie auf dem Friedhof, bringt Blumen hin und entschuldigt sich beim Toten, daß er vielleicht auch wegen ihr jetzt und so früh «da unten liegt». Nur gelegentlich ist sie zornig: «Warum hast du getrunken? Das Bier schmeckt doch gar nicht.» Den Arzt bittet sie um Bücher über das Leben nach dem Tod. Sie liest sie auch, aber sie sagen ihr nichts.

«Ein Mann ist ein Mann»

Eines der Gespräche zwischen Lore und dem Psychiater verlief wie folgt:

Lore: «Zu Hause ist jetzt alles einfach so leer. Ich meine immer, er müsse doch noch dasein.»

Arzt: «War er denn, als er noch lebte, immer da?»

Lore: «Eben nicht. Gut, am Vormittag ging ich immer arbeiten, verstehen Sie, jemand mußte doch Geld verdienen (weint). Aber ich war immer besorgt und fragte mich, wie es sein wird, wenn ich wieder zu Hause bin.»

Arzt: ?

Lore: «Sie verstehen schon, ich meine, ob ich ihn noch antreffe oder ob ihm etwas passiert ist.»

Arzt: «Sie meinen, ob er wieder in der Wirtschaft ist oder ob er hingefallen ist?»

Lore: «Ja, oft ging er mit dem Auto weg. Es hätte ihm ein Unfall passieren oder der Führerschein weggenommen werden können.»

Arzt: «Wenn Ihr Mann nun aber zu Hause war?»

Lore: «Dann war ich ganz glücklich. Ich habe dann schnell gekocht, den Tisch gedeckt, und wir haben zusammen gegessen. Gut, er aß nie viel. Aber wenn ich ihn fragte, ob es ihm geschmeckt hat, dann sagte er, daß es schon recht sei.»

Arzt: «Und dann?»

Lore: «Dann sagte er: ‹Gell, jetzt gehe ich noch ein wenig fort.›»

Arzt: «Ging er dann in die Wirtschaft?»

Lore: «Ja, immer. Fast immer.»

Arzt: «Und wann kam er zurück?»

Lore: «So nach zwei Stunden. Man merkte dann, daß er getrunken hatte. Meistens legte er sich dann ins Bett. Ich war froh, daß er wieder zu Hause war, und ich habe das Abendessen zubereitet.»

Arzt: «Und nach dem Abendessen?»

Lore (weint): «Dann ging er wieder weg. Ich sagte ihm fast jeden Tag: ‹Schau, wir haben es so schön zu Hause. Es ist alles sauber und ordentlich, und Blumen sind da. Wir können eine Kerze anzünden und beisammen sein und plaudern.›»

Arzt: «Was tat er dann?»

Lore: «‹Ja, du hast recht, du machst es gut, du bist wirklich lieb... aber gell, jetzt muß ich noch schnell fort.› Und dann ging er.»

Arzt: «Wann kam er wieder nach Hause?»

Lore: «Meist spät, um zwölf oder um ein Uhr, manchmal noch viel später, aber das war seltener.»

Arzt: «Wie kam er zurück?»

Lore: «Angetrunken oder betrunken. Ich wartete immer auf ihn, um ihn ins Bett zu bringen.»

Arzt: «Dann war er ja fast wie Ihr Kind?»

Lore: «Nein, das kann man nicht sagen, ich habe ihn nie als mein Kind empfunden, etwa so wie meine Tochter. Ich respektierte ihn als meinen Mann und wollte ihn als Mann.»

Arzt: «Und was ist für Sie ein Mann?»

Lore (etwas sprachlos): «Nun, ein Mann ist ein Mann und für die Familie da.»

Arzt: «Hat Ihr Mann denn gearbeitet und für die Familie gesorgt?»

Lore: «Ja schon, er hätte es viel besser gekonnt, hätte er etwas Geeignetes gefunden.»

Arzt: «Meinen Sie etwas, wo er viel verdient hätte?»

Lore: «Nicht in erster Linie. Etwas, was für ihn geeignet gewesen wäre.»

Arzt: «Hat er das nie gefunden?»

Lore: «Nein, nie.»

(Ich lasse hier Teile des Gesprächs weg. Objektiv hat der Mann Lores wirklich nichts gefunden, was ihm «gepaßt» hätte, und das vorwiegend nicht aufgrund seiner Alkoholabhängigkeit.)

Arzt: «Was hatte Sie miteinander verbunden?»

Lore: «Er war oft nett und ganz lieb zu mir.»

Arzt: «Hatte er Sie nicht oft geschlagen?»

Lore (weint): «Ja schon, aber am anderen Tag tat es ihm leid, und er versprach immer, er wolle es nie wieder tun.»

Arzt: «Hielt er das dann ein?»

Lore: «Fast nie. Hätte er nicht getrunken, hätte er mich auch nicht geschlagen.»

Arzt: «Hattet ihr gemeinsame Interessen?»

Lore: «Nun... nun ja, er war froh über das schöne Haus. Er sprach lieb mit mir. Sogar wenn er, wie fast täglich, wegging, sagte er: ‹Gell, Schatzel, ich gehe noch ein wenig weg.›»

Arzt: «Hattet ihr denn manchmal Gespräche miteinander?»

Lore: «Manchmal sprach er schon über seine Pläne und worüber er unzufrieden war.»

Arzt: «Seid ihr gelegentlich in ein Konzert oder Kino gegangen?»

Lore: «Nein, nie. Er sagte immer: ‹Komm, wir bleiben zu Hause und schauen fern› (weint). Er blieb aber nie lange mit mir zusammen, weil er wieder fort wollte.»

Arzt: «Und im Urlaub?»

Lore (weint): «Wir waren vor siebzehn Jahren das letzte Mal im Urlaub. Da war er sehr nett zu mir. Wir waren am Gardasee und fanden das schön.»

Arzt: «Hattet ihr Freunde und Bekannte?»

Lore: «Na, er hatte ja seine Saufkumpane, die wollte ich nicht kennenlernen.»

Arzt: «Und Sie?»

Lore: «Ich habe Kontakte vermieden. Die Leute wären vielleicht neidisch geworden wegen unserem Haus. Und später hätten sie vielleicht gemerkt, daß mein Mann trinkt.»

Arzt: «Dann wußte das niemand?»

Lore: «Einmal war ich so verzweifelt und telefonierte seiner Schwester in Lübeck. Als ich ihr sagte, mein Mann würde zu viel trinken, sagte sie, das könne nicht sein, und wenn – dann läge das sicher an mir.»

Arzt: «Als es Ihnen so schlecht ging, haben Sie da nie einmal daran gedacht, Sie hätten lieber einen anderen Mann?»

Lore: «Um Gottes Willen, nie! *Ich hatte doch ihn!*»

Arzt: «Und jetzt oder später?»

Lore: «An so etwas kann ich gar nicht denken.»

Das «liebe Ding»

Auch Lore ist eine horizonteingeengte Empfindungsfrau. Ihre Objekte sind der Mann, die Tochter, das Haus, die Arbeit und die Arbeitskolleginnen; das hauptsächlichste Empfindungsobjekt war ihr Mann. Ihre Ehe bestand im wesentlichen darin, den vorwiegend alkoholbedingten Verlust der für sie wichtigsten Person zu verhindern. Lore tat alles, um den Besitz des Mannes zu garantieren. Darauf allein konzentrierten sich ihre Kräfte. Es war zwar bedauerlich und unschön, daß er trank, aber er kam immer wieder nach Hause und war immer wieder nett und lieb. Die Prügel waren schlimm, aber daran war nicht er, sondern das Bier schuld.

Lore wußte einiges über seine sogenannten Sorgen. Aber das war alles, was sie von ihm als Mensch wußte. Hätte sie einen Aufsatz darüber schreiben müssen, wer oder was ihr Mann war und was in seinem Innern vorging, hätte ein Satz genügt: «Er ist lieb und nett – und er trinkt.» Mehr wußte Lore tatsächlich nicht. Sie brauchte auch gar nicht mehr zu wissen. Sie erlebte ihn wie ein liebes Ding mit einigen Mängeln. Solange dieses lebende Ding ihr Besitz war, ging es ihr psychisch gut; erst sein Tod (Objektverlust) störte ihr Gleichgewicht nachhaltig. Als dann auch noch der Verlust der übrigen Objekte (Eltern, Tochter, Kolleginnen) drohte, weil sie Lore ernsthaft kritisierten wegen ihrer Tränen und Schuldgefühle, ging es ihr sehr schlecht.

Wäre Lore eine Fühlfrau gewesen, hätte sie ein warmes und inniges Verhältnis zu ihrem Mann gehabt. Sie hätte auch seine Abstinenz durchgesetzt oder aber sich von ihm getrennt. Sie hätte auch anders um ihn getrauert und wäre nur vorübergehend von Schuldgefühlen überwältigt gewesen. Sie hätte nicht ständig seine Leiche auf dem Friedhof aufgesucht, sondern hätte ihn verinnerlicht, das heißt in ihrer Erinnerung gegenwärtig gehalten. Doch Lore hatte keinen seelischen Bezug im Sinne des Fühlens, sondern einen Empfindungsbezug zu einem lebenden «Ding», dessen Hauptaufgabe darin bestand, ihr als Besitztum die Existenz zu ermöglichen und sie dadurch vital zu erhalten. Sie versuchte, den Objektverlust durch ein Ersatzobjekt zu kompensieren. Dazu diente die Fotografie oder die Suche nach dem «da unten» im Grab.

Wenn sich die Empfindungsfunktion im Laufe des Lebens nicht differenziert und keine Horizonterweiterung oder Entwicklung einer zweiten Funktion stattfindet, dann droht dem Empfindungstyp genau das, was er am meisten befürchtet, nämlich der Objektverlust. Die Menschen, die für ihn zum Objekt werden, spüren natürlich, daß sie sozusagen zu seinem Besitz geworden sind, und wehren sich dagegen. Auch der Mann Lores mußte ständig «fort», die Tochter Erikas floh aus dem Hause, um der «Unterdrückung» zu entkommen. *Kein anderer Typ braucht und gebraucht reale Objekte für sein eigenes Leben so intensiv wie der Empfindungstyp*. Das kann er nur ändern, indem er sich viele und verschiedenartige Objekte sucht (Ausweichmöglichkeit) oder sich ästhetischen oder/und künstlerischen Genüssen zuwendet. Vor allem aber braucht er wie kein anderer Typ Kenntnisse über sich selbst und welche anderen Funktionen er entwickeln sollte. Hätte zum Beispiel Lore ihr Fühlen besser entwickelt, hätte sie sich vorerst damit aufrechterhalten können, ihrer Tochter Wärme zu geben, einen Hund oder Vogel zu lieben und zu pflegen oder sich bei Freunden auszuweinen. Dann hätte sie ihrem verstorbenen Mann auch weniger Vorwürfe gemacht, weil er sich ihrem Besitzstreben entzogen hatte. Mit dem Fühlen entwickelt sich auch «mehr Herz», mehr Mitleid und vor allem mehr Gemeinsamkeit mit den «Objekten».

Der Empfindungstyp ist nicht «warm»

Bei der Begegnung mit einem *puren Empfindungstyp* fällt einem die weitgehende Abwesenheit von Wärme und Nähe auf. Man wird nicht richtig «warm» mit ihm. Man spürt als Arzt zwar, daß die Empfindungstypen einen brauchen und für ihre Belange zu vereinnahmen trachten. Sie wollen auch verstanden sein und verlangen, daß man sie verteidigt. In der Regel sind sie auch höflichfreundlich, aber man bleibt meist ein flüchtiger Helfer, der ihnen pflichtgemäß weiterhilft.

Der Empfindungstyp, der einen schwerwiegenden Objektverlust erlitten hat, braucht ein neues Objekt, welches das verlorene ersetzt. Das kann der Arzt selbst natürlich nicht sein, und selbst wenn er es aus therapeutischen Gründen vorübergehend sein wollte, sind die Sitzungen dafür zu kurz und zu wenig häufig.

Das Reale bleibt nicht als verfügbare Erfahrung

Der Empfindungstyp ist ein Tatsachenmensch und – wie schon ausgeführt – der Realist schlechthin. Jedoch bleiben die Tatsachen bei ihm nicht haften, obwohl er sich allen Realitäten anpaßt und sie als gegeben benutzt oder vermeidet.

Nach allen Erfahrungen, die ich mit Empfindungstypen gemacht habe, scheint das Empfinden, wenn es sich um dasselbe Objekt handelt, sehr rasch ermüdet. Es ist, als sage es sich: «Ich habe dieses gesehen, gehört, geschmeckt, getastet, eben empfunden, und festgestellt: Es ist wirklich.» Hat es sein Ziel erreicht, zieht das psychische Empfindungsorgan seine Energie gleichsam zurück.

Nun ist aber das Empfinden für den Empfindungstyp lebenswichtig, weshalb er sofort ein neues Objekt braucht oder die Neu-Erfahrung des alten, um sich wieder vital zu fühlen. *Die Wiederholung der Empfindung ist daher lebenswichtig.*

Der Empfindungstyp als Genuß- und Gegenwartsmensch

Man darf nicht vergessen, daß der Empfindungsmensch *sein eigenes Empfinden genießt.* Positives Empfinden und Genießen sind dasselbe. In Abwandlung von Descartes' Satz «cogito, ergo sum» (ich denke, folglich bin ich) müßte man beim Empfindungstyp sagen: «Ich empfinde genießend, folglich (oder deswegen) bin ich.»

Nun bringt jeder Genuß eine Sättigung mit sich, das heißt, das Empfinden flaut sozusagen ab. Damit geht auch das Objekt, welches empfunden wurde, in gewisser Weise verloren, und das wirkt auf das Ich wie ein vorübergehender Realitätsverlust. Das aber ist für das Empfindungs-Ich auf Dauer unerträglich. Es muß schnellstens dasselbe oder ein anderes Objekt erneut empfinden – und die Gefahr ist vorbei. Dabei hat die vergangene Empfindung und Erfahrung überhaupt kein Gewicht mehr, weil nur *das Hier und Jetzt zählt.* Vergangenheit und Zukunft sind für das Empfinden unwirklich (ganz im Gegensatz zur Intuition, für welche Gegenwart, Vergangenheit und Zukunft *zugleich* vorhanden sind). Daher kommt es, daß der pure Empfindungstyp von seinen Erfahrungen so wenig Gebrauch machen kann!

Für Erika zum Beispiel spielte es gar keine Rolle, daß ihr Mann eben noch bei einer anderen war, Hauptsache, sie empfindet ihn *jetzt* positiv. Daß ihre Tochter jahrelang bei ihr war, ist völlig gleichgültig in dem Moment, in dem sie weg ist. Würde sie zurückkehren, wäre ihre Abwesenheit gleichgültig, denn *jetzt* wäre sie im Empfinden Erikas wieder da. Als für eine kleine Zeitspanne gar kein Objekt mehr da war, konnte Erika tatsächlich nicht mehr leben.

Der Empfindungstyp erlebt nicht die Wirklichkeit oder das Reale (wobei wir «objektiv» nicht wissen, was das Wirkliche wirklich ist), sondern *er erlebt die Empfindung vom Realen.* Deshalb ist das Fehlen von Empfindungen für den Empfindungstyp eine Katastrophe. Er stürzt sofort in Depression und Erschöpfung, die aber gleich verschwinden, sobald er wieder empfindet.

Im Grunde ist der Empfindungsmensch ein «Objektbenutzer» und zugleich ein *Gefangener seiner Empfindungsfunktion* (er selbst wird das aber nie zugeben!), denn er stellt keine eigentliche Objekt-Subjekt-Beziehung her wie zum Beispiel der Denktyp.

Dies erleben Männer, die mit einer Empfindungsfrau verheiratet sind: Sie sind zwar immer wieder fasziniert von ihrer schönen Frau und sind zufrieden, weil sie von ihr gebraucht werden. Sie sind auch davon fasziniert, daß ihre Frauen ohne sie nicht leben können. Andererseits gewinnen sie mehr und mehr den Eindruck, daß sie als eigenständiges Wesen bei ihren Frauen Fremdlinge sind. Merken sie dann, daß sie eigentlich das Futter sind, das der Sättigung der Empfindungen ihrer Frau dient, wird es ihnen ungemütlich. Wird ihnen bewußt, daß die Frauen sie benutzen und völlig in Besitz nehmen, fühlen sie sich mißbraucht und unterdrückt. Dazu braucht es zwar Jahre und Jahrzehnte, aber dann ist das Risiko groß, daß sie ihre Frauen verlassen. Dasselbe gilt natürlich auch umgekehrt für die Beziehung Empfindungsmann – Intuitionsfrau.

Solange diesen Paaren die typologischen Unterschiede unbekannt und unbewußt sind, werden hoffnungsfrohe Paare immer weiter aufs schwerste enttäuscht werden. Durch die Bewußtwerdung der eigenen Typologie und der des Partners können – wenn auch mit Mühe und Geduld – selbst katastrophale Krisen und seelische Krankheiten zumindest eingedämmt werden. Denn all das Einseitige wird relativiert, sobald der Empfindungstyp andere Funktionen entwickelt hat.

«Ich kam auf die Welt, um das Leben zu genießen»

Das Empfinden ist, wie wir gesehen haben, engstens mit Genuß und Genießen verbunden, dazu muß es Objekte geben, die den Genuß ermöglichen. Sie werden gebraucht, benutzt und ausgenutzt. Daher rührt es, daß der Empfindungsfunktion etwas Rücksichtsloses und zuweilen Skrupelloses anhaftet. Andere Werte als solche des Genusses existieren nicht. Jeder *pure Empfindungstyp* ist darauf aus zu empfinden, weil er so genießt, die Fülle des Daseins lebt und sich dabei stark und selbstbewußt erlebt. Er meint, er allein habe das wirkliche Leben.

Damit vertritt er eine Philosophie, die in *Epikur* ihren bekanntesten Vorläufer findet und die man als *hedonistisch* bezeichnt. Die Devise lautet: «Ich lebe, um zu genießen ... Der Sinn des Lebens ist der Genuß ... Solange ich genieße, lebe ich.»

Ein Sieg der Empfindungstypen: Die Wohlstandsgesellschaft. Die Gefahr der Gewalt

Es ist nicht schwer, die Wohlstandsgesellschaft der heutigen Zeit als *die* Gesellschaftsorientierung zu erblicken, die auf die Empfindungstypen am besten zugeschnitten ist. Unschwer auch erkennt man, daß ein *genußunfähiger Mensch* (bei dem die Empfindungsfunktion völlig verdrängt ist) sich als totaler Außenseiter der Gesellschaft erleben muß.

Aber auch ein Empfindungstyp, dem die Mittel fehlen, um in die Fülle des Genusses zu gelangen, ist nicht beneidenswert, denn unter dem Druck der wohlhabenden Genießer wird er neidisch – ein Zeichen unerfüllter Wünsche –, und er wird versuchen, sein Plätzchen in der Sonne der Genießenden zu ergattern oder aber sich gegen die zu wenden, die ihm – real oder vermeintlich – den Platz an der Sonne streitig machen (zum Beispiel Ausländer). Da die Empfindungsfunktion nun einmal existiert und für den Menschen charakteristisch ist (man denke auch an seine ästhetischen

Bedürfnisse), ist es durchaus einsichtig, daß einseitige Empfindungstypen, kommen sie mangels verfügbarer Objekte nicht zum gleichen Genuß wie die anderen, sich das Begehrte notfalls auch mit List, Täuschung, Betrug und Gewalt verschaffen.

Jedermann ist entsetzt über Terror und Gewalt, über Haß und schlimmste Greueltaten. Man findet dies unmenschlich und appelliert an die sogenannten Menschenrechte. In Wahrheit ist es sehr menschlich. Das Tier, das sich mit seiner Sättigung begnügt, bleibt weit hinter den Ansprüchen einer hochgezüchteten menschlichen Empfindungsfunktion zurück. Die Gewalt und Grausamkeit, welche die frustierte Empfindungsfunktion verursacht, sind sogar *typisch menschlich*, insofern die Bedürfnisse und ihre Befriedigung weit über das hinausgehen, was für das biologische Überleben notwendig ist. Bei der menschlichen Gewalt handelt es sich fast nie um Mundraub, sondern darum, das zu bekommen, was man nicht hat, was aber andere haben. Das kann natürlich auch gewaltlos geschehen.

Auch bei der systematischen und unreflektierten *Ausbeutung der Natur* geht es nicht nur darum, das biologische Überleben zu sichern, sondern auch darum, den Hunger nach immer neuen Empfindungen zu stillen. Eine Vorherrschaft des Empfindungstyps würde direkt ins kollektive Verderben und zu unvorstellbaren Gewalttätigkeiten führen.

In der heutigen westlichen, hedonistischen Welt bestimmt die Empfindungsfunktion des Menschen die Ereignisse auf Kosten einer entwickelten Intuition (dem Ursprung des Geistes!), da die Hochzüchtung der Empfindungsfunktion die Verdrängung der Intuition nötig macht. Kommt letztere zum Durchbruch, dann vorwiegend in der primitiven Form von Gewalt und Zerstörung oder in Form einer archaischen, magisch-religiösen Welt.

Natürlich ist es legitim, daß der Mensch nach Sättigung immer feinerer Empfindungen strebt und damit nach Besitz und Komfort. Aber die Empfindungsfunktion ist nur eine der psychischen Funktionen, und die individuelle und kollektive Förderung anderer Funktionen müssen diese Ansprüche in ihre Grenze verweisen.

Steigerung des Empfindens durch Resonanz und Konsonanz

Das extravertierte Empfinden sucht zur Steigerung der Empfindung und des Lebensgefühls Übereinstimmung mit anderen *(Konsonanz)*. Man könnte etwas überspitzt sagen: «Ich trage Jeans, du trägst Jeans, alle tragen Jeans, wie herrlich!» Oder man geht ins Pop-Konzert: «Ich bin begeistert (empfinde die Musik), du bist begeistert, alle sind begeistert...» Tausendfache Begeisterung und Geschrei. Endlich leben alle mit der gleichen Empfindung – tausendmal gesteigert!

Die gesamte Werbung zielt darauf, Objekte zum empfindenden Genießen anzubieten. *Sie ist auf den Empfindungstyp zugeschnitten, der von Objekten lebt*, die man empfindend genießen kann. Sie benutzt auch gerne die Mehrzahl der Genießenden: *Viele Kinder* jubeln dem Saft zu... alle Kinder freuen sich daran, und je mehr es sind, um so schöner ist das Leben gemäß dem Spruch: «Jeder macht, was er will, keiner macht, was er soll, *aber alle machen mit*, Juhu!» *Daß es einen Massenmenschen gibt, verdanken wir der Eigentümlichkeit der Empfindungsfunktion.*

Bei den gelungenen *Konversationen der Parties* verwirklicht sich ein Gemisch von *Resonanz und Konsonanz* der Empfindungen: Ein Gast erzählt, wie er im Café von hinten auf eine an einem Tisch sitzende Frau zugegangen war und ihr die Augen zuhielt und zu ihr sagte: «Susi, rat mal, wer das ist?», natürlich in der Meinung, es sei Susi. Statt dessen war es eine völlig fremde Frau. Der Gast empfindet das Ereignis beim Erzählen nach und amüsiert sich deshalb köstlich *(Resonanz)*. Die anderen Gäste und die Gastgeber hören zu, empfinden die erzählte Situation nach, alle lachen, alle erleben dieselbe Empfindung, die durch Resonanz und Konsonanz deutlich gesteigert wird.

Ein Denktyp mit verdrängter Empfindungsfunktion würde bestenfalls der Höflichkeit halber ein schiefes Lächeln hinzaubern. Er kann nicht mitschwingen und wird im Innern etwas verächtlich auf solche, wie ihm scheint, kindliche und banale Lebensfreude hinabblicken.

Typische Standpunkteinbußen des Empfindungstyps

«Oberflächliche Beziehungen» versus «geistiger Weg»

Heike ist eine Empfindungsfrau, die mit einem Intuitionsmann verheiratet ist. Sie ist Lehrerin an der Grundschule. Schon über viele Jahre hat sie mit Begeisterung Unterricht gegeben, hat zu den Kindern eine intensive Empfindungsbeziehung und ist bei allen beliebt. Sie hat also viele «Objekte» für ihr Empfinden und ist daher auch vital und lebensfroh. Jedes Fest ist ihr recht. Sie liebt Schmuck, Kleidung und überhaupt alle schönen Dinge, die Wärme der Sonne, den Duft der Blumen und den Tratsch mit anderen. Sie wirkt jung, unverbraucht und «*selbstverständlich* lebendig».

Dann geht ihr Mann «den geistigen Weg», in diesem Fall einen indischen. Er meditiert viel, singt indische Lieder, macht heilige Zeremonien und lebt eine «kosmische Verbundenheit». Er spricht leise und nicht ohne innere und verhaltene Fröhlichkeit und zugleich Bestimmtheit.

Er läßt Heike aber deutlich spüren, daß ihre Welt der Dinge und «oberflächlicher» Beziehungen nicht das Wesentliche und Eigentliche ist und daß es Regionen des Geistes gibt, von denen sie keine Ahnung hat. Die Vorbereitungen Heikes für den Unterricht scheinen ihm belanglos und überflüssig.

Im Laufe der Jahre ist Heike immer mehr angetan von ihrem «Mann der tiefen Gedanken» und seiner unerschütterlichen Ruhe, seiner ausstrahlenden Güte und seinem nachsichtigen Lächeln. Mehr und mehr wird sie unsicher, ob sie überhaupt «richtig» ist. Sie verliert ihre Sicherheit im Unterricht und vermeint, ihre Arbeit nicht mehr gut zu machen. Sie bereitet sich noch besser vor und fühlt sich zunehmend als Versagerin. Als dann, wie üblich, Eltern, die mit ihrem Kind nicht zurechtkommen, ihr Vorwürfe machen, weil das Kind immer noch nicht so wird, wie sie es erwarten, nimmt es Heike persönlich und ist tief erschüttert.

Mehr und mehr nimmt sie an den Meditationen, heiligen Gesängen und Lesungen ihres Mannes teil. Sie hat fast alle Kontakte abgebrochen, kleidet sich ein wenig schlampig «auf indisch», vernachlässigt die Pflege ihrer Person, bis sie einem religiösen Wahn verfällt und in der psychiatrischen Klinik landet. Heike hat ihren Empfindungsstandpunkt aufgegeben (sozusagen dem Ehemann geopfert) und ist deshalb ihrer unterentwickelten, also primitiven und undifferenzierten Intuition, der Gegenfunktion, verfallen.

Die irrationale Achse Empfinden – Intuition. Verliebtheit und Projektion

Empfindungstypen – wie erwähnt mehrheitlich Frauen – verlieren öfters wie Heike ihren Standpunkt (das Primat der Empfindungsfunktion). Anlaß dazu sind zwei typische Beziehungssituationen: zum einen ein Eheschluß mit ungünstiger Entwicklung der Paarbeziehung, zum anderen das Heranwachsen der Kinder und deren Verselbständigung. Beide Ereignissse können getrennt oder gemeinsam zum Standpunktverlust der Ehefrauen führen. Das bedeutet für diese nicht nur vorübergehende Krisen, sondern sehr oft schwere Einbrüche in ihrem seelischen Gleichgewicht mit nachhaltigen Minderwertigkeitskomplexen. Das heißt: Sie erkranken seelisch, werden neurotisch. Die Wiedergewinnung des Standpunktes, also die Heilung, nimmt oft Jahre, wenn nicht Jahrzehnte in Anspruch, und dauernde Schädigungen können bleiben.

Die eigentliche Ursache dieser oftmals tragischen Entwicklungen ist die *Unkenntnis* des eigenen Standpunktes. Die Betroffenen wissen nämlich nicht, daß sie hauptsächlich Empfindungsfrauen sind und was für diesen Typ wichtig ist. Sie leben ihn über Jahre hin selbstverständlich und natürlich und meinen, alle Menschen, insbesondere ihre Partner, seien gleich, empfänden dasselbe wie sie, und verlangen daher auch, er möge so sein wie sie selbst. Genau das ist nie der Fall, weil Empfindungsfrauen sich meist einen Intuitivmann «auswählen», also einen Mann, der hauptsächlich die Gegensatzfunktion entwickelt hat.

Wir kennen bereits diese psychologische Regel (eigentlich ist es nahezu ein Naturgesetz!): Wer als Hauptfunktion die Empfindung entwickelt hat, muß notwendigerweise die Intuition verdrängen, und wer hauptsächlich die Intuition entwickelt hat, verdrängt notwendigerweise die Empfindung. Die gegensätzlichen Partner treffen deshalb aufeinander, weil sie sich anziehen und ineinander verlieben.

Bei der Verliebtheit handelt es sich um einen *Projektionsprozeß*: Die verdrängte Funktion wird unbewußt auf die Partnerin (den Partner) übertragen, die *diese* Funktion gut entwickelt hat. Deshalb sind beide davon überzeugt, sich selber im anderen entdeckt zu haben; doch die unterentwickelte *Gegenfunktion bleibt auch während und nach der Projektion weiter unterentwickelt*. Sie kann in der Tat gar nicht so ohne weiteres entwickelt, das heißt bewußt gelebt werden, weil gerade dies zum Standpunktverlust führen kann.

Nach der notwendigen *Rücknahme der Projektion*, also der schrittweisen Auflösung der Verliebtheit, stehen sich dann die Partner oftmals fast wie Fremde gegenüber. «Wie konnte ich mich nur in dich verlieben? Du bist ja ganz anders, als ich gemeint habe.» Dieses Erlebnis kann wie ein Schock wirken und führt oft zu Trennung und Scheidung, weil beide denken, sie hätten sich getäuscht. In gewisser Weise ist die Projektion ja auch eine Täuschung, insofern jeder seine eigene verdrängte Gegenfunktion auf den Partner übertragen hat und meinte, diese im anderen zu finden. In Wirklichkeit ist es aber die (entwickelte) Funktion des anderen und nicht die eigene (unterentwickelte), die sie am anderen lieben.

Machtansprüche der Intuitionsfunktion gegenüber dem Empfinden. «Du bist mir viel zu oberflächlich»

Wollen die Parnter dennoch zusammenbleiben, das heißt eine bewußte Beziehung aufbauen, werden die Ehefrauen merken, daß ihre Intuitionsmänner irgendwie die Stärkeren sind. Die allgemeine Ansicht, die Intuitionsmänner seien deswegen stärker, *weil* sie Männer sind und eine männliche Machtposition beanspruchen und durchsetzen wollen, ist ein Irrtum. Es ist die *Intuitionsfunktion, die von Natur aus Machtansprüche geltend macht.*

Intuitionsfrauen erheben denselben Machtanspruch und vermitteln den mit ihnen verheirateten Empfindungsmännern den Eindruck von unglaublicher Kraft und Dominanz. Dieser ganz natürlichen «Macht», die mit der Intuition engstens verknüpft ist, versuchen die Empfindungsmänner zu entfliehen, obwohl sie weiter davon angezogen sind. Das Resultat ist nicht selten dies, daß die Empfindungsmänner weglaufen (unter Umständen zu einer anderen Frau), wieder zurückkehren, um dann wieder zu fliehen oder endgültig zu bleiben – ein Bild jämmerlicher männlicher Unentschlossenheit und psychischer Desorientiertheit. Hier sind es die Männer, die nicht wissen, wo ihr Standpunkt ist und wo sie hingehören.

Wenn die Männer auf der Anklagebank stehen wegen ihrer Machtansprüche, so liegt das objektiv nicht am Geschlecht (zumindest nicht vorwiegend), sondern daran, daß die Intuitionsfunktion mehrheitlich bei Männern das Primat erlangt hat. Durch die Verknüpfung von Macht und Intuition sind sie in den Verruf von Machtgehabe und -anspruch geraten. Auf diese Zusammenhänge komme ich noch eingehender zurück.

Die Empfindungsfrauen befinden sich also einem stärkeren Intuitionsmann gegenüber und meinen, sie müßten ihre eigene Position opfern, um die Beziehung zu retten. In der Regel geschieht das unter einem fast gezielten Druck seitens der Männer: Diese werfen nämlich sehr bald ihren Frauen deren Anderssein vor, vor allem aber, *daß sie empfinden.* So wie die Fühlfrauen sich darüber beklagen, daß ihre Denkmänner keine «Gefühle zeigen», so beschweren sich die Intuitionsmänner, daß die Empfindungsfrauen an Objekten (Hunde, Freundinnen, schöne neue Sachen) hängen und daß sie zu keinen sogenannten «tieferen» Gedanken und Gesprächen fähig seien. «Du bist mir viel zu oberflächlich», sagen sie, «du bist von Tingeltangel abhängig, du bist unfähig, hinter die vordergründigen Dinge zu schauen, und hast keinen Sinn für das Wesentliche.»

Diese Vorurteile sind unreflektiert, wobei sich die Männer aber nicht fragen, warum sie sich eigentlich in diese «oberflächliche» Frauen verliebt haben. – So weit reicht die eigene «Tiefe» doch nicht. Anmut und die Frau als «Zierde» sind für den Intuitiven zwar anziehend, aber eben doch zweitrangig.

Selbst in dem jahrtausendealten chinesischen Weisheits- und Orakelbuch «I Ging» spürt man etwas von der leichten Geringschätzung dessen, was im Zeichen Bi (die Anmut) in Erscheinung tritt. Dort steht im Kommentar: «Anmut bringt Gelingen. *Aber sie ist nicht das Wesentliche, die Grundlage, sondern nur die Verzierung* (Sperrung von mir).» Und im Hinblick auf die Betrachtung des Schönen: «... darum ist dies noch nicht der eigentliche Weg der Erlösung.»[2] Der Intuitionsmann *Kungtse* fühlt sich daher auch *sehr unbehaglich*, als er bei Gelegenheit einer Befragung des Orakels das Zeichen «Anmut» bekam.

Der Machtanspruch der intuitiven Weisheit wurde wohl schon seit Urzeiten durch die Verhaftung an die «schönen Dinge» empfindlich gestört. Die Zierde und die Anmut, die «empfundenen Dinge» dieser Welt, stehen in der Tat in einem scheinbar sehr krassen Widerspruch zur dunklen Gedankenwelt des weisen Intuitiven. Nach seiner Ansicht kann man sich bei der Betrachtung der Dinge nur vorübergehend aufhalten. – Und so machen es die Intuitivmänner noch heute.

Faszination der Empfindungsfrau von der «Tiefe» des Intuitionsmannes

Empfindungsfrauen sind nicht selten von der Tiefe ihrer Intuitionsmänner sehr angerührt und glauben schließlich, er sei vielleicht doch besser, wahrer, tiefer, weiser, jedenfalls «höherstehend», und dementsprechend seien das Empfinden und die Verhaftung an die Dinge doch niedriger und minderwertiger. Sie beginnen schrittweise ihre Position als Empfindungsfrau aufzugeben, um sich dem «Höheren und Tieferen» zu widmen. Nur können sie «das Tiefe» selbst gar nicht ohne weiteres nach- und mitvollziehen, zumal die Intuitionsmänner selbst nur selten in der Lage sind, diese ihre «Tiefe» verständlich zu vermitteln. Man spürt nur ihre Macht, die so groß werden kann, daß sie zu «Heiligen» werden. Zu ihnen – nach Indien – pilgern dann per Flugzeug viele Empfindungsfrauen, die ihren Standpunkt zumindest in Frage gestellt haben, um dort das Heil zu suchen und zu Füßen des Meisters und Gurus zu knien.

Die biblische Maria, die Jesus zu Füßen sitzt und seinen Worten lauscht, mag eine Empfindungsfrau gewesen sein, die ihrer Sehnsucht nach Erlösung (durch die Belebung der Gegenfunktion!) «erlegen» ist, während Marta der Welt ihrer Objekte: Küche, Speise zubereiten, den Tisch decken und die Ordnung bei Dingen erhalten, treu bleibt und ihren Standpunkt bewahrt. Auch sie wird schlechter beurteilt als Maria: «Maria hat das Bessere gewählt...»[3]

«Du liest nur Romane und kein einziges Buch mit Geist»

Barbara liebt die konkreten, «wirklichen» Dinge seit ihrer Kindheit. Sie ist ein natürliches Mädchen, mäßig in der Schule, aber sportlich und bewegungsfroh. Sie macht sich gern hübsch, hat viele Freundinnen und Freunde und erfreut sich ihrer Sexualempfindungen. Sie schafft das Abitur nicht, macht aber eine Ausbildung als Kosmetikerin und vertritt entsprechende Firmen. Dann baut sie sich einen Laden für Bekleidung auf, dem bald ein zweiter und dritter folgen sollten. Da verliebt sie sich in einen Studienrat, einen Naturwissenschaftler. Sie bekommt erwünschte Kinder, gibt ihren Laden und ihre Vertretung auf und widmet sich dem Mann, den Kindern und dem Haus. Sie verehrt die tiefen Gedankengänge und das Wissen ihres Intuitionsmannes und spürt seine überlegene Kraft.

Er läßt unzweideutig durchblicken, daß sie ja gar kein Abitur hat, sich bislang nur mit nebensächlichen Dingen (Schminke, Lippenstift, Parfüm und Kleider) beschäftigte und ihm in seinen Gedankengängen nicht recht zu folgen vermag. «Du liest nur Romane und kein einziges Buch mit Geist.» Er distanziert sich mehr und mehr von ihr und will sexuell nichts mehr von ihr wissen, wirft ihr aber vor: «Du wolltest vier Kinder gebären!» Barbara: «Wie kann ich vier Kinder gebären, wenn du keine sexuelle Beziehung willst?»

Das Haus wurde (obwohl von ihrem Geld bezahlt) auf seinen Namen eingetragen («es ist doch sowieso unser Haus»); später wünschte er die Gütertrennung und den gegenseitigen Verzicht auf Unterhalt für den Fall einer Scheidung («wir bleiben ja sicher zusammen!»). Wahrscheinlich meinte er es wirklich so und wollte lediglich seine Macht- und Bedeutungsansprüche befriedigen.

Dann aber erkrankt Barbara an Krebs. Operation, Röntgen- und Chemotherapie folgen. In diesem Moment trennt sich der Mann von ihr. Solche Trennungen nach ernsthafter Erkrankung der Frau kommen häufiger vor, als man denkt. Die Frau ist ein «unsicherer Faktor» geworden, auf den kein Verlaß mehr ist. Die Intuitionsmänner müssen einen Machtbereich «abschreiben» und das, was übrigbleibt, retten. Unser Intuitionsmann sagt nun klar zu Barbara: «Nach fünf Jahren bist du sowieso tot!» – Auch die entwickelte Intuition neigt zu Rücksichtslosigkeit und Brutalität.

Der Mann hat das Recht auf seiner Seite. Er vertreibt Barbara aus dem Haus, nimmt das größere der beiden Kinder zu sich. Die Verwalter der Paragrapheninstitution, die wir Justiz nennen, dekretieren, daß Barbara kein Besuchsrecht hat (wegen Schaden für das Kind!). Sie landet beim Sozialamt und klammert sich an das kleine Kind. Sie hat viele Empfindungsobjekte, vor allem Haus, Mann und ein Kind verloren, also schwere Objektverluste erlitten. Zudem ist der eigene Körper als Empfindungsobjekt schwerstens bedroht, und so tapfer Barbara kämpft – durch die Objektverluste mit viel geringerer Energie –, sind Depression und Erschöpfung die unvermeidbare Folge, obwohl sie Menschen findet, die ihr zur Seite stehen. Ohne diese wäre sie in einen depressiven Abgrund gefallen.

Das Aufopfern der eigenen Sexualität

Erna ist eine lebensfrohe und völlig unkomplizierte Empfindungsfrau, die seit drei bis vier Jahren in einer Liebesbeziehung zu *Ingmar* steht, einem leicht introvertierten Intuitionsmann. Erna war seine erste Frau, dank welcher er sich davon überzeugen konnte, daß er nicht impotent war, wie er lange glaubte. Erna schätzte an ihm sein Pflichtbewußtsein, seinen Leistungswillen, seine Sehnsucht nach einer Familie mit Kindern und seine Treueforderung sich selbst und ihr gegenüber. Also heirateten sie und begaben sich – im Winter – auf Hochzeitsreise ins Gebirge. Sie hatten sich ja beim Skifahren kennengelernt. Bereits am nächsten Tag erfolgte ein schwerer Föhneinbruch. Fast der ganze Schnee schmolz dahin. Erna litt derartig unter dem Föhn, daß sie anderntags völlig erschlagen im Bett lag und sich nicht fähig fühlte, die geplante Tour zu unternehmen. Sie erklärte Ingmar ihren schlechten körperlichen Zustand und bat ihn, sich allein auf die Skiwanderung in die Höhe zu begeben, was er voller Verständnis akzeptierte.

Als er abends zurückkehrte, lag sie immer noch sehr abgeschlagen im Bett und gab ihm zu verstehen, daß sie sich so schlecht fühlte, daß sie an diesem Abend zu keinen Intimverkehr fähig war. Daraufhin geriet er in einen Riesenzorn und sagte: «So, jetzt hat man, was man wollte ... die lebenslange Versorgung!»

Erna war völlig entsetzt. Sie hatte nie daran gedacht zu heiraten, um «lebenslang» versorgt zu sein. Zugleich spürte sie, daß die Sexualität für Ingmar einen sehr hohen Stellenwert einnahm und daß ihre Beziehung davon abhing, wie sie ihm in dieser Hinsicht gerecht werden konnte. Als kranke oder schwache Frau würde sie in seinen Augen enorm an Wert verlieren, weil dann die Ausübung der Sexualbeziehung in Frage stand. Sachlich ausgedrückt: Wenn sie ihm sexuell nicht zur Verfügung stand, würde sie ihn verlieren. Das alles war vor der Hochzeit überhaupt kein Problem, Erna war von ihm sexuell völlig befriedigt. Sie konnte als Empfindungsfrau Sexualität als wunderschöne Körperempfindung voll genießen. Sie hatte «Spaß» daran. Sexualität war für sie ein großartiges Empfindungsereignis, nicht mehr und nicht weniger. Sie war dabei voll «sich selbst». Das war gut so, selbstverständlich und für sie ohne jede Problematik.

Jetzt aber drohte ihr, kaum verheiratet, der «Objektverlust». Ingmar hatte sie bereits massiv als Partnerin entwertet. Sie meinte nun, sie müsse ihn wiedergewinnen mit der Devise: «Du mußt immer bereit sein.»

Und genau so lebte sie über die Jahre hin. Für ihn und wegen ihm betrieb sie, mehr oder minder erfolgreich, Sex. *Wegen ihm* kam sie zum Orgasmus, *wegen ihm* gab sie sich hin, kurz, *sie lebte seine Sexualität und nicht ihre eigene.* Damit hatte Erna das allerwichtigste Empfindungsobjekt, nämlich den eigenen Körper, geopfert, aufgegeben, und gleichsam auf dem Opferaltar seines Penis' dargebracht – über Jahrzehnte hin.

Zugleich wurde sie in entwürdigender Weise von ihm abhängig. Die Ehe wurde für beide grauenvoll und verbittert, bis schließlich jede Intimbeziehung zum Erliegen kam. Er lebte die Ehe mit der Grundüberzeugung: «Ich muß sie lebenslang unterhalten, meine Pflicht erfüllen (also keine Scheidung!) und eine kranke Frau ‹verhalten›.» Erna mußte schließlich wegen schwerer körperlicher Funktionsstörungen und jahrelanger Depression berentet werden.

Ingmar als Intuitiver erlebte seine Sexualität nämlich nicht, wie Erna, die Empfindungsfrau, als «Spaß» und «schönes Vergnügen», sondern als etwas Dunkles, Wildes, tief Ernstes, als ein Eintauchen in Urgründe und rituelle opferschwere Ahnungen. So etwa kann man die innersten intuitiven Ergriffenheiten beschreiben.

Erna hat ihre Situation in einem Traum nach Jahrzehnten einer gequälten Ehe geträumt: Sie sieht ein dreieckiges, schönes Holzbild, das aussieht wie ein «Marterl». Auf einer Seite des Schildes befinden sich, teils aufgemalt, teils aufgenagelt, lauter Penisse, wie Leberwürste. Auf der anderen Seite sind, ebenfalls aufgenagelt, lauter Hoden. Im Traum wird von Erna gefordert, sie solle sie aufessen. Sie erwacht mit fürchterlichem Ekel.

Ohne auf Einzelheiten des Traumes eingehen zu wollen, ist daraus ersichtlich, daß Erna die Sexualität ihres Mannes unbewußt übernommen hat, ein wahres Kreuz und Martyrium, von der die Forderung ausgeht, sie möge sie sich ganz zu eigen machen und sie sich «einverleiben». Nur der Ekel als wichtige Abwehr bewahrt sie vor der totalen Entfremdung. Das ist eine negative Sexualempfindung, weil Sexualität, wie sie Erna erlebte, weder weiblich noch empfindungsgemäß ist. Da gibt es keinen «Spaß» mehr, sondern nur noch ein ans Kreuz genageltes Leiden. Das alles ist die Folge der Opferung des für Erna wohl wichtigsten Empfindungsobjektes, nämlich ihres eigenen sinnlichen Körpers.

Mangelnde Kenntnis und Unbewußtheit als Bedingung von Fehlentwicklungen

Hätte eine solche katastrophale Entwicklung für beide Partner (Ingmar: «Ich fühle mich unendlich betrogen vom Leben!»), Krankheit, Berentung, seelische Umdüsterung und Finsternis vermieden werden können? Grundsätzlich ja!

Hätte Erna – um hier nur von ihr zu sprechen – gewußt und bewußt gehalten (gerade zu Beginn ihres Ehelebens), daß sie eine Empfindungsfrau ist und er ein Intuitionsmann, hätte sie auf die Aussage Ingmars: «So, jetzt hat man, was man wollte... die lebenslange Versorgung» völlig anders reagiert. Sie hätte dann gewußt, *daß Intuitive nicht* in erster Linie *die Wirklichkeit als solche empfinden, sondern sie vielmehr interpretieren und deuten.* (Darauf werde ich bei Besprechung der Intuition eingehen.) Ingmar hatte die «wirkliche Erna» überhaupt nicht erfaßt, sondern etwas in sie hineingedeutet. Hätte sie gewußt, daß es für den Intuitiven normal ist, die Welt (und damit sich selbst) zu interpretieren statt sie empfindend zu erleben, wäre sie überhaupt nicht erschrocken und hätte zu sich gesagt: «Na typisch!» Der ganze Schock wäre ausgeblieben. Hätte sie weiter gewußt, daß sie als Empfindungsfrau ihr hauptsächlichstes Empfindungsobjekt, nämlich den eigenen Körper mit seiner Sexualität, unter keinen Umständen hergeben, opfern, wegschmeißen darf, wäre der verhängnisvolle Fortgang verhindert worden.

Erna hätte dann auch die bittere Enttäuschung Ingmars merken können. Er war ja darüber verbittert, daß er (vermeintlich) eine Art von Blutsauger geheiratet hatte. Die wirkliche Blutsaugerin im Leben Ingmars war in Wahrheit seine Mutter! Da ihm das nicht bewußt war, übertrug er projektiv diese Erfahrung auf Erna und deutete ihr Kranksein und ihre momentane Sexualverweigerung in diesem Sinne.

Aber selbst wenn Erna diese Hintergründe nicht sofort erkannt hätte, wäre die Kenntnis des Intuitionstyps schon ausreichend gewesen, sie auf die richtige Spur zu bringen. Sie hätte sich ihm stellen (weil nicht schockiert!) und zum Beispiel sagen können: «Ingmar, du fantasierst. Du legst etwas in mich hinein, was ich nicht bin. Ich habe dich geheiratet, weil ich dich liebe. Ich brauche dich nicht wegen deines Geldes. Ich habe ja meinen Beruf, und wenn ich will, kann ich mein Geld selbst verdienen. Aber da wir beide Kinder wollen, haben wir es anders beschlossen. Ich weiß, daß du keine kranke Frau magst. Das mag kein Mann, und es ist ganz normal so. Ich bin ja bald wieder gesund, und dann werden wir beide Sex haben können, soviel wir wollen. Ich weiß, du willst eine Frau haben, und ich will einen Mann. Es tut mir leid, daß wir heute aufeinander verzichten müssen, aber das bleibt doch nicht so. Mein Kreislauf hat gerade jetzt versagt, aber in ein bis zwei Tagen ist es sicher wieder wie vor der Hochzeit.»

Ingmar hatte Erna angegriffen. Es ist das Anliegen des Angegriffenen, sich zu verteidigen und Stellung zu beziehen. Das hat Erna aus Unkenntnis und Unbewußtheit nicht getan. Hätte sie es getan, wäre allenfalls bei bleibender Uneinsichtigkeit Ingmars die Ehe in die Brüche gegangen. Aber selbst diese Lösung wäre besser gewesen als das leibhaftige Leiden des Gekreuzigten über Jahrzehnte hin. Im Grunde wurden beide um ihr Leben betrogen.

Und so wie diesem Paar ergeht es sehr vielen. Die «Sache mit der Seele» und die Tatsache der Zugehörigkeit zu einem bestimmten psychologischen Typus sind nun einmal von zentraler Bedeutung für das menschliche Dasein und sicherlich die ernsteste Angelegenheit unserer irdischen Existenz. Nichtwissen und Unbewußtheit sind die schlimmste Bedrohung des Menschen, des homo sapiens, des wissenden (!) Menschen.

Arbeit und Handwerk als Dingobjekte des Empfindens

Die hauptsächlichste Charakteristik des Empfindungstyps ist seine unmittelbare Verbundenheit mit der realen Welt mittels seines Empfindens. Dazu gehört die Dingwelt des Arbeitens und des Handwerks.

Es ist nicht nur die Notwendigkeit, Geld zu verdienen, welche die Empfindungstypen zur Arbeit bewegt, vielmehr entspricht der Umgang mit Sachen und Gegenständen dem Grundbedürfnis seiner dominanten Empfindungsfunktion, und manche «Arbeitssucht» findet darin ihre Begründung.

Arbeiter sind oft Empfindungstypen. Bei drohendem Verlust

des Arbeitsplatzes sind sie zu großen Opfern bereit, um ihn (ihr Empfindungsobjekt) behalten zu können. Es ist weniger die Angst: «Wovon sollen wir denn leben?», sondern die Angst, ein wichtiges Objekt ihres Empfindens zu verlieren, was zu Depression, Erschöpfung und Minderung des Selbstwerterlebens führen kann – auch dann, wenn neue Arbeitsplätze in Aussicht stehen und der Staat auf alle Fälle dafür sorgt, daß das Überleben gesichert ist. Empfindungstypen leiden deshalb viel mehr als andere Typen unter der Arbeitslosigkeit.

Viele Empfindungstypen, die bereits aus psychischen Gründen (etwa durch Ängste oder Phobien) die Beziehung zu den Dingen verloren haben, klammern sich geradezu verzweifelt an eine Arbeit, ja, sie suchen sie geradezu und erschöpfen sich dabei physisch, um nicht noch mehr von den Objekt-Empfindungen abgedrängt zu werden.

Das defekte Empfindungsobjekt als persönliche Kränkung

Aber auch unter normalen Bedingungen sind insbesondere die weiblichen Empfindungstypen sehr leicht störbar, wenn bestimmte Objekte nicht so sind, wie sie sein sollten. Eine Empfindungsfrau, die das Bad oder die Küche erneuern ließ, wird sich an schiefen Fliesen, zu breiten Fugen oder gar unebenen Böden maßlos aufregen und völlig außer Rand und Band geraten. Sie führt sich so auf, als sei ein Anschlag auf ihr Leben verübt worden.

Auch der Intuitionstyp ist betroffen, aber durchaus nicht bis in die Tiefe. Er ist verärgert, weil die Verwirklichung seines Projektes oder Konzeptes nicht gelungen ist. Nun, dann muß der schiefe Boden eben wieder raus, und er wird die Verletzung seines Machtgefühls dazu benutzen, Schadenersatz zu fordern, und die nötigen Schritte organisieren, die zur Festsetzung des Schadens nötig sind. Er sieht jetzt den schiefen Boden gewissermaßen gar nicht mehr, weil er bereits den künftigen «geraden Boden» im Kopf hat. Er kann nahezu ungestört warten, bis der Schaden behoben ist, während seine Empfindungsfrau jedesmal, wenn sie die schrägen Kacheln sieht, wieder *stark verletzt* ist.

Eine Fühlfrau wäre wesentlich weniger betroffen, ja, sie wäre unter Umständen sogar in der Lage, einen Objektfehler zu dulden oder sogar sympathisch zu finden. Nur wenn der schiefe Boden ungemütlich ist, wird sie auf Veränderung drängen, kann aber gelassen warten, bis alles in Ordnung ist. Am distanziertesten wäre der Denktyp. Für ihn ist der schiefe Boden sozusagen ein Irrtum. Es ist etwas schiefgegangen. Er wird nach der oder den Ursachen forschen und veranlassen, daß diese beseitigt werden. Er macht einen Plan, und der wird dann ausgeführt. Bis dahin kann er ungestört den schiefen Boden betreten oder die unpassende Kachel (sie kommt ja sowieso weg) uninteressiert übersehen.

Die Empfindungsfrau aber sieht die schiefe Kachel immer, jedes Mal. Obwohl sie weiß, daß die Kachel nicht in Ordnung ist, muß sie dieselbe Erfahrung repetieren, um neu zu empfinden: «Nicht in Ordnung.» *Sie unterliegt dem für die Empfindungsfunktion charakteristischen Repetitionsdrang.*

Die Empfindungsfrau leidet wie kein anderer Typ an Schäden in ihrer Wohnung. Oftmals haben Empfindungsfrauen Mühe mit der Organisation der Schadensbehebung (was Intuitionsmänner ohne weiteres können) und geraten in immer größere Aufregung, wenn ihr Intuitionsmann nicht auf sie eingeht und ihnen hilft. Daher hängt das Seelenheil der Empfindungsfrau sozusagen von Handwerkern ab. Sie werden durch die Reparatur die verletzten Empfindungen der Empfindungsfrau heilen. Der Handwerker ist ihr Arzt! Ist dann alles gut gelaufen, hat sie sich wieder gefunden, ihre Objektwelt, und damit ihr Empfinden, ist wieder in Ordnung.

Aber wehe, der Handwerker kommt nicht, weder zur verabredeten Stunde noch zum abgesprochenen Tag. Dann wird die Empfindungsfrau aufgeregt, nervös, aggressiv und unter Umständen regelrecht krank.

Für den Empfindungstyp spielt das Lampenfieber eine besondere Rolle, falls er eine Tätigkeit ausübt, die öffentliche Auftritt erheischt. Dazu gehören zum Beispiel Vortragende oder Lehrer/innen. Da die Empfindungsfunktion gemachte Erfahrungen nicht verwerten kann, wird jeder neue Tag in der Schule zu einem erstmaligen «Auftritt». Die Erfahrung, daß dieser Auftritt schon Hunderte von Malen gelungen ist, hat kein Gewicht. Diesen Zustand nennen wir Lampenfieber.

Ein gutes Beispiel der für den Empfindungstyp charakteristischen Schwierigkeit, Erfahrungen zu verwerten, und des daraus resultierenden Lampenfiebers ist das folgende Verhalten einer Lehrerin: Obwohl sie die erste Klasse schon zehn- bis zwanzigmal betreut hat und Stapel von Papieren und Materialien sich auf dem Eßtisch häufen, muß sie sich jedes Mal neu vorbereiten und verhält sich so, als ob sie noch nie eine erste Klasse vor Augen gehabt hätte. Viele Stunden der Vorbereitung sind notwendig, und jeder Tag vor der Klasse ist ein neuer Auftritt, der mit leichter Angst und Aufregung verbunden ist. Einmal vor der Schulklasse, verläuft dann alles bestens. Unsere Lehrerin ist beglückt und zufrieden. Am nächsten Tag wiederholt sich dieselbe Szene.

Für den Empfindungstyp ist das Wirkliche «neu», obwohl es schon uralt und seit eh und je wirklich war. Für den Intuitionstyp ist nur das neu, was vorher noch nie wirklich war. Für ihn ist daher der Umgang des Empfindungstyps mit dem Realen nahezu unbegreiflich, und er kann nur lächeln über den Aufwand, den der Empfindungstyp im Umgang mit den Dingen betreibt.

Schwerwiegender ist, daß die Empfindungstypen meist wenig von sich wissen. Sie glauben schließlich auch, daß ihre ständig neuen Vorbereitungen überflüssig seien, und denken, sie hätten einen «schwachen Kopf». Zu Unrecht verfallen sie oft einer *Scham*: «Jetzt lehre ich schon so lange und bin immer noch unsicher.» Statt dessen wäre es richtig zu sagen: «Vor jedem Auftritt habe ich Lampenfieber – wenn es mißlänge, wenn es mißlänge!»

Das aber ist für Empfindungstypen richtig und *normal*, weil sie die empfundene Erfahrung: «Ich machte es, und ich kann es» nicht benutzen können. Sie verwechseln ihr Lampenfieber mit einer pathologischen Angst oder gar mit Panik und steigern sich aufgrund ihrer falschen Einstellung zu sich selbst auch hinein und erkranken tatsächlich. Gewinnen sie aber die richtige Einstellung dazu und erkennen sie, daß es zu ihrem Leben gehört, dann erleben sie ihren Beruf als «aufregend» und «abenteuerlich» im positiven Sinn. Viele Empfindungsfrauen erhalten sich gerade dadurch auffallend jung, auch im Aussehen, und strahlen eine Art von kribbeliger Lebendigkeit aus, weil jeder Tag wieder etwas Neues bringt (obwohl es das Alte ist), und die Aufregung und das Erleben des neuen Gelingens sie mit Kraft und Freude erfüllt.

Auch viele Schauspieler und vor allem Künstler, welche als Solisten auftreten (Pianisten, Geiger usf.), haben ihr Lampenfieber vor dem Auftritt im Laufe der Jahre als pathologisch eingeschätzt und nicht verstanden, daß die Aufregung daher rührt, daß die hundertste Darbietung eines Klavierkonzertes von Beethoven oder Brahms immer so ist, als hätten sie es noch nie gespielt – trotz ihres weltweiten Erfolges. Manch einer geriet in innere Not, wollte nicht mehr spielen oder mußte von Freunden und Managern auf die Bühne gestoßen werden. Einige leugneten sogar, überhaupt Klavier oder Violine spielen zu können.

Die Vereinigung von Intuition und Empfinden im Kunstwerk

Ein Künstler, der dem Intuitivtyp zugehört, hat keine Angst, er könne nicht mehr spielen, weil er die Musik nicht so empfindet wie der Empfindungstyp. Er hört und empfindet die hervorgebrachte Musik natürlich auch, jedoch schafft er sie gleichsam neu. *Er spielt schöpferisch*, und jedes Mal ist ein- und dasselbe Klavierwerk eine Neuschöpfung, für die das Konzept innerlich vorgegeben ist. Das Werk ist vor dem Auftritt nicht «wirklich», wird es aber schrittweise während des Spielens. Für den Intuitiven ist es normal und selbstverständlich, daß durch Konzepte und Ablaufprogramme etwas jetzt noch Unwirkliches zu etwas real Gestaltetem wird. Es quillt völlig neu aus dem Innern des intuitiven Künstlers. Beim Empfindungstyp hingegen «quillt» nichts. Das Konzertstück ist bereits da und vorhanden in dem Moment, in welchem es hörend empfunden wird.

Obwohl die Kunst die beiden Gegensätze Intuition – Empfinden verbindet (übrigens die glücklichste Verbindungsmöglichkeit), kommt ihre jeweilige Gestaltung auf andere Weise zustande. Es ist die Vereinigung eines intuitiv-schöpferischen Akts und eines im Empfinden sich vollendenden Ereignisses. Hier sind wie sonst nirgends für Augenblicke tiefste schöpferische Ergriffenheit mit intensivstem Empfinden und einer Gegensatzvereinigung möglich. *Das sonst unwirkliche Göttliche inkarniert sich im empfundenen Real-Wirklichen.* Die Kunst ragt dann aus diesem Grund weit über das rein Ästhetische hinaus. Es handelt sich um Momente, in denen Intuition und Empfinden gleichzeitig und in gleichem Maße hochentwickelt und voll bewußtseinsfähig sind, was unter gewöhnlichen Umständen außerhalb der Kunst kaum möglich ist.

Die Empfindungsfrau und das Altwerden

Isabella, eine Spanierin in den mittleren Jahren, ist eine wahre Schönheit, die sie sorgfältig pflegt, weil sie mehr oder weniger bewußt daraus ihr Selbstwertgefühl nährt. Sie hat eine von vielen Frauen besuchte Boutique, wo sie «alta moda» vorführt und auch Schmuckstücke verkauft. Sie trinkt mit ihren Kundinnen Kaffee und ist jederzeit für eine Plauderei zu haben. Sie erfreut sich großer Beliebtheit, weil jeder Kontakt mit ihr erfrischend ist. Viele Männer bewundern sie.

Ihre Ehe hingegen ist eher unpersönlich, ohne besondere Tiefs und Hochs. Man redet über Belangloses. Der Ehemann, ein Rechtsanwalt, erfreut sich an ihrer Schönheit, war aber lange frustriert, weil Isabella keinen Intimverkehr mehr mit ihm wollte, angeblich wegen Frigidität. Er wußte nicht, daß Isabella ein Verhältnis mit einem nicht immer erfolgreichen, verheirateten Geschäftsmann hatte und hat, einem sie völlig befriedigenden Sexualpartner, der sie wohl gerne geheiratet hätte, wäre sie frei gewesen. Allerdings kam eine Scheidung für ihn erst in Frage, wenn seine Kinder größer waren.

Isabella selbst wollte sich aber nicht scheiden lassen, weil sie dadurch erhebliche Vermögens- und Besitzeinbußen erlitten hätte. Auf Boutique und Wohnung oder zumindest auf eines von beiden hätte sie verzichten müssen. Außerdem konnte sie dank der Großzügigkeit ihres Ehemanns auf ziemlich großem Fuß leben: Alles Geld, das ihr von ihm zur Verfügung gestellt wurde, setzte sie in Kleidung, Pelzmäntel, Schuhe und Schmuck um.

Dachte sie an ihre Zukunft, geriet sie in erhebliche Angstzustände, für Empfindungsfrauen typische Verlustängste. Da eine Dauerverbindung mit dem Geliebten erst möglich war, wenn seine Kinder erwachsen waren, würde bis dahin viel Zeit vergehen. Isabella wäre älter, und ihre Schönheit könnte verblaßt oder für ihren Liebhaber nicht mehr attraktiv genug sein – ein schauriger Gedanke. Aber selbst wenn sie ihre Schönheit bis dahin halbwegs erhalten könnte: Sie müßte dann auch bereit sein, sich scheiden zu lassen, was wiederum wegen des Geldes nicht ging, denn ihr Liebhaber konnte ihr nicht das zur Verfügung stellen, was sie für ihre Pflege brauchte.

Dann starb plötzlich der viel jüngere Bruder ihres Ehemannes. Statt nun Trauer oder Mitgefühl zu empfinden, geriet Isabella in einen fürchterlichen Zorn. Beim Therapeuten, zu dem sie sich wegen ihrer Ängste begeben hatte, schrie sie: «Der Falsche ist gestorben! Warum konnte nicht mein Mann sterben, das wäre für alle viel besser gewesen!» Der Therapeut war sehr erstaunt darüber, daß sie so wenig Mitgefühl mit der Familie des verstorbenen Schwagers hatte (er hinterließ vier Kinder, eine Frau, die ihn sehr geliebt hatte, und eine betagte Mutter) und sie von so heftigen Tötungsgedanken ihrem Mann gegenüber befallen wurde. Es stellte sich heraus, daß Isabella schon längere Zeit darauf wartete, daß er verunglückte oder ein unheilbarer, schnell wuchernder und zu spät erkannter Krebs ihn befallen würde.

Die Ursachen der Ängste Isabellas waren also die Angst vor dem Alter und vor Geldverlust, wenn sie ihr Empfindungsobjekt, nämlich den Geliebten, behalten wollte. Isabella hatte weder ihre Fühlfunktion noch ihre Denkfunktion ausreichend entwickeln können.

Das Denken als *zweites Standbein* hätte es ihr erlaubt, rational zu argumentieren im Sinne von: «Die Ursache, daß du dich nicht scheiden lassen willst, ist das Geld, an dem du hängst. Wenn du dich nicht scheiden läßt, wird dich dein Geliebter nicht heiraten. Eines der beiden Objekte deines Empfindens mußt du aufgeben. Welches ist dir lieber? Du könntest auch versuchen, mit weniger Geld auszukommen. Du kannst nicht alles haben, was du meinst, haben zu müssen. Du kannst auch mit weniger leben.» Durch das Denken wären die Ansprüche des Empfindens etwas relativiert worden.

Beim Fühlen als zweites Standbein wäre das Empfinden ebenfalls deutlich in seiner Vorherrschaft erschüttert worden: «Du bist viel zu egoistisch und zu kalt. Du kannst nicht alles haben. Es ist nicht gut, daß du deinen Mann betrügst und zusätzlich sein Geld und sein Vermögen willst, um mit einem anderen glücklich zu werden. Und dann willst du ihn auch noch umbringen. Hättest du mehr Gefühl und moralische Urteile, dann könntest du auch das Altwedern besser verkraften. Gefühle haben kann man auch in höherem Alter, und dann läge dir auch wirklich etwas an anderen Menschen. Sie wären dann nicht nur Objekte deines flüchtigen Empfindens.»

Die Intuition konnte Isabella nicht direkt und gut entwickeln, weil sie zu sehr verdrängt und folglich minderwertig war und in diesem Zustand nur Machtansprüche und Aggressionen liefern konnte. Wäre sie entwickelt, würde sie «den geistigen Weg» vorschlagen oder sagen: «Du mußt dich für Jesus entscheiden, dann bist du gerettet.» Aber das könnte Isabella nicht nachvollziehen.

Am Beispiel Isabella kommt noch eine weitere Eigentümlichkeit der Empfindungsfunktion und des Empfindungstyps zur Sprache: Dieser hat besondere Schwierigkeiten, das Altwerden zu akzeptieren und damit positiv zurechtzukommen. Zu den hauptsächlichsten Gründen gehören:

1. Die Empfindungsfunktion lebt *von der Repetition des Jetzt.* Das gegenwärtige Empfinden ist ausschlaggebend, das Vergangene ist nicht wirklich, Erfahrungen können nicht oder nur sehr schlecht verwertet werden. Das Zukünftige hat mehr beängstigende als versichernde Aspekte, weil nur das erfüllte Jetzt sinnvoll ist.
2. Das positive Empfinden orientiert sich am Schönen und hängt davon ab. Die Schönheit des Körpers ist ein zentrales Anliegen insbesondere der Empfindungsfrau. Sie weiß: Mit zunehmendem Alter steht die Schönheit des Körpers auf dem Spiel, weil er altert und nicht mehr jugendfrisch sein wird. Es besteht die Gefaß, daß dann auch seine Attraktivität für Sexualpartner nachläßt und das wichtige Sexualempfinden und seine konkrete Erfüllung nach und nach abhanden kommen könnten. Es drohen also sehr wichtige Objektverluste: der schöne (eigene) Körper und sein Empfinden sowie der «Sexualkörper» und sein Empfinden.

Daher ist das Altern bedrohlich und beängstigend für den Empfindungstyp. Das gilt so nicht für die Intuition, für das Denken und das Fühlen, weil diese Funktionen auch von anderen Werten leben können. Für die Empfindungsfrau ist es daher besonders wichtig, daß sie sich der Entwicklung anderer Funktionen widmet, um diese Ängste wenigstens abmildern zu können.

Aufgrund unserer Erkenntnisse über die Struktur der Empfindungsfunktion ist es nun nicht mehr schwer zu verstehen, warum Empfindungstypen grundsätzlich ihren Besitz, ihr Geld und sonstige Wirklichkeitsbereiche, also ihre Empfindungsobjekte, nicht aufgeben können und bis auf die Zähne verteidigen. Auf kollektiver Ebene zeigt sich das in der Hartnäckigkeit und Zähigkeit, mit welcher an Besitztümern und rechtlichen und sozialen Errungenschaften festgehalten wird. Sind zum Beispiel staatliche Kürzungen, Beschneidungen oder Opfer erforderlich, schreien die Empfindungstypen am lautesten auf.

Da die irrationalen Typen, zu denen der Empfindungstyp gehört, mit der Moral wenig anfangen können, sind sie in großer Gefahr, den Egoismus in Reinkultur hochzuzüchten und in ungeahnte und alles andere als harmlose Rücksichtslosigkeiten zu verfallen. Sie werden dann aggressiv und grausam, um Besitz zu erhalten oder deren Verlust abzuwenden.

Weder die pure Intuition noch das pure Empfinden verfügen nämlich über ein moralisches Urteilsvermögen, was gut und was böse ist. Diese Urteile werden durch die rationalen Funktionen Denken und Fühlen vermittelt, und vom rationalen Denken sind sie weit entfernt. Auf der Ebene der Volksgruppen und Völker mit ihren Territorien und den kollektiven kulturellen Besitzständen wirkt sich die Angst, Objekte zu verlieren, besonders verheerend aus und öffnet Kriegen, Grausamkeiten, Unterdrückung, der Verfolgung von Minderheiten und Bürgerkriegen Tür und Tor. Der Aufschrei des Fühlens und der Appell der Denkfunktion an die Vernunft stoßen auf taube Ohren. Die Menschen sind gefangen in ihren eigenen irrationalen Funktionen: Die Intuition will die jeweilige verfügbare Welt *neu ordnen* und auch mit Gewalt verändern, das Empfinden will Besitz verteidigen oder mehren. Dabei spielen auch kulturelle religiöse Besitzstände eine entscheidende Rolle, nicht, weil der Empfindungstyp religiös wäre, sondern weil verfestigte kirchliche oder konfessionelle Überlieferungen einen (geistigen) Besitz darstellen, mit dem man zwar an sich und vom Inhalt her wenig anfangen kann, der aber als kollektives Empfindungsobjekt eine besonders hervorragende Rolle spielt.

Die primitive Intuition als Einfallstor für Gewalt und Brutalität aufgrund der Verdrängung der Empfindungsfunktion

Es ist vor allem die wenig differenzierte *Intuition*, welche gleichsam das Einfallstor für Brutalität und Gewalt ist. Sie wird auch vorherrschend, wenn der Empfindungstyp in seinem Besitzstand gefährdet und von massiven Objektverlusten bedroht ist. *In diesem Fall wird die Hauptfunktion, das gut entwickelte Empfinden, wegen unerträglicher Bedrohung verdrängt.* Automatisch wird dann die unterentwickelte Intuition mobilisiert. Der Empfindungstyp hat seinen Standpunkt verloren und aufgegeben und verfällt der undifferenzierten Intuition und deren primitivem Zustand. Er empfindet dann die Grausamkeiten und Gewalttätigkeiten nicht mehr so, wie es für das Empfinden normal ist, und verfällt in eine Art von Rauschzustand, in dem sich Macht, Gewalt, Religiöses und auch Sex in einem überschwemmenden Ergriffenheitsgemisch vereinigen. Er ist Opfer der primitiven Intuition und damit des Unbewußten geworden.

Beim puren Empfindungstyp ist die Verdrängung der Empfindung daher gefährlich. Sie führt relativ leicht zum persönlichen und kollektiven Verbrechen im Namen neuer (oder alter) Ideen und Programme.

Zivilisation und Kultur

Das kollektive Versagen des gesunden Empfindens und die damit verbundene Mobilisierung einer unterentwickelten Intuition, die zur Identifikation mit den gewalttätigsten und grausamsten Bereichen des Unbewußten, das heißt dem Macht- und Gotteskomplex (darauf werde ich später eingehen) führt, zeigt, wie wichtig die möglichst differenzierte Entwicklung der Empfindungsfunktion ist. Dies ist dort erreicht, wo die Ästhetik, das Schöne, die Kunst, die Kultur im allgemeinen zu hoher Blüte gelangt und vielen Menschen zugänglich ist. Das Empfinden braucht relativ unverlierbare und die Zeit überdauernde Objekte, die allen zugänglich sind.

Die Kunst ist ein Lebensbereich, der durch das *einzigartige Zusammenwirken von Intuition und Empfinden geschaffen wurde.* Die Ergriffenheit (Intuition) durch das Kunstwerk und sein Genuß (Empfinden) verhindern weitgehend das Absacken in primitive und gewalttätige Zustände – vorausgesetzt, das Kunstwerk ist hochwertig.

Alte Kulturländer wie zum Beispiel Italien verfügen über ein ungeheuer großes Kulturgut, was in demselben Maße etwa in Deutschland nicht der Fall ist. Dieser kulturelle Hintergrund verhindert selbst in politischen Krisenzeiten ein totales Absacken in Primitivzustände. Sogar im faschistischen Italien verloren nahezu keine Menschen ihr Leben, auch nicht in Lagern.

Die Pflege des Empfindens in einer Genußgesellschaft wie der westlichen Welt schützt keineswegs vor Rückfall in die Barbarei, wenn die Verfeinerung und Differenzierung des Empfindens durch die Kultur ausbleibt. Die Pflege des kulturellen Wissens und die Vermittlung der kulturellen Traditionen und Geschichte in den Schulen liegen heute wirklich im argen. Kinder und Jugendliche erleben die Werbung als «Kunstwerk» oder die ewig kindlich-niedlichen Trickfilme und Comics, denen sie überlassen werden. Ihre «Musik» verletzt die Ohren, und/oder sie berieselt während des Einkaufens oder Autofahrens die Seele und gaukelt vor, *das* allein sei lebenswert. Das Primitive ist zu Zeiten gewiß heilsam, aber als Dauergebrauch fixiert es das Leben auf einem sehr niedrigen Niveau. *Die irrationalen Wahrnehmungsfunktionen werden dadurch in ihrem möglichen Wachstum gehindert.* Das schafft labile, ausschließlich in mehr oder weniger seichten Genüssen lebende Menschen, die keiner Belastung mehr gewachsen sind und deren Blickfeld über den «eigenen Bauchnabel» kaum mehr hinausreicht. Niemand braucht sich dann zu wundern, warum verpflichtende Partnerschaften so schwer zu realisieren sind und warum die Kriminalität sich schrittweise ausbreiten kann.

Dem Denken und Fühlen verdanken wir vorwiegend die Zivilisation, dem Empfinden und der Intuition vorwiegend die Kultur.

Nach diesen allgemeinen Betrachtungen wenden wir uns wieder der Darstellung spezieller Eigentümlichkeiten der Empfindungsfunktion zu.

Die introvertierte Empfindungsfunktion

Zur Introversion[4]

Das wesentliche Merkmal der Introversion ist die Abwendung von der Außen- und die Hinwendung zur Innenwelt. Während der – häufiger vorkommende – extravertierte Empfindungstyp eine sehr gute und enge Beziehung über das Empfinden zu den äußeren Objekten hat, von denen er geradezu Besitz ergreift und von denen er seine Lebensberechtigung bezieht, entfernt sich der introvertierte Empfindungstyp, der Ausprägung seiner Introversion entsprechend, von den äußeren Objekten. Ihr Wert wird dadurch relativiert, das heißt, sie haben viel weniger Bedeutung und verlieren oft ihren eigentlichen dinghaften und handfesten Charakter. Die Empfindung des äußeren Objektes läßt schrittweise nach, und an seine Stelle treten innere Objekte. Es entstehen Empfindungen, die mit dem äußeren Objekt nur noch sehr bedingt etwas zu tun haben.

Ist der introvertierte Empfindungstyp zum Beispiel ein Maler, und stellt man ihm die Aufgabe, ein real vorhandenes Haus auf die Leinwand zu bannen, dann wird man das äußere Haus nie «richtig» abgebildet sehen, weil er nicht das reale Haus empfindet, sondern *seine eigenen Empfindungen,* welche der Anblick des Hauses ausgelöst hat. Er könnte auch einen schwarzen Kleks auf die Leinwand bringen und sagen, das sei das Haus. Der Anblick des Hauses hat eine Empfindung ausgelöst, die schließlich mit dem Haus nahezu nichts mehr zu tun hat. Der Maler hat sein eigenes Empfinden, also *ein* weitgehend vom äußeren Objekt losgelöstes *inneres Objekt* gemalt. Die extravertierte Empfindung ist verdrängt zugunsten der introvertierten.

Für den Außenstehenden lebt der introvertierte Empfindungstyp in einer mehr oder weniger wirklichkeitsfremden Welt. Er lebt von Innerlichkeiten, von denen man aber kaum Kenntnis erhält, weil sich der (nichtkünstlerische) Empfindungstyp nicht ausdrükken kann – und sich in aller Regel selber nicht versteht.

Daher rührt es, daß der introvertierte Empfindungstyp, von außen her gesehen, in gewisser Weise *unberechenbar* ist, weil man nie weiß, was ein äußeres Objekt in seinem Innern an Empfindungen auslöst.

Zur Natur der Introversion gehört die Abwehr der Außenwelt, die stets als irgenwie bedrohlich erlebt wird, weil sie auch für den Introvertierten selbst nicht völlig berechenbare innere Empfindungen und Erregungen auslösen kann. Die äußere Welt wird daher entwertet. Sie soll zwar nicht eliminiert, aber in ihrer Bedeutung auf ein Mittel- bis Kleinmaß reduziert werden.

Eigentümlichkeiten des introvertierten Empfindungstyps und seiner Partner

In der Gegenwart des introvertierten Empfindungstyps fühlen sich die meisten Menschen etwas entwertet. Man kommt sich oft wie eine belanglose Sache vor. Wer auf diesen Typus bezogen ist oder ihn liebt, wird öfters an seiner eigenen Existenzberechtigung zweifeln. Es gelingt nicht, irgendein besonderes Interesse in ihm zu wecken. Dringt man zu sehr in ihn ein: «Das gestrige Konzert war hinreißend schön!», wird er antworten: «Ja, ich habe gehört, daß es nett war.» Sagt man: «Die Theateraufführung war so langweilig, daß ich beinahe eingeschlafen wäre», antwortet er: «Aber es gab doch sicher eine Handlung auf der Bühne. Ich habe gehört, das Theater war ausverkauft.» Fragt man: «Nun, wie war der Tag?», bekommt man zur Antwort: «Nichts Besonderes, das Übliche.»

«Hast du nicht einen Brief von deinem Onkel bekommen?»

«Doch, doch.»

«Nun, wie geht es ihm, ist er immer noch so krank?»

«Ja, er schreibt, er habe starke Schmerzen. Aber das schreibt er immer.»

Sollte dann die Todesnachricht eintreffen, wird unser «Typ» reagieren: «Es ist sicher besser so, dann hat er keine Schmerzen mehr... er war ja auch schon alt.»

«In jungen Jahren soll er sehr lebenslustig gewesen sein. Man sagt, er habe ein sehr abenteuerliches und abwechslungsreiches Leben geführt.» Die Antwort dieses Typus: «Mag sein, aber er wird auch nur mit Wasser gekocht haben. Ich glaube, die Leute übertreiben.»

Wird etwas zu interessant oder bewegend, dann *wertet* der introvertierte Empfindungstyp *ab*. Ist etwas allzu banal, gleichgültig oder langweilig, *wertet* er *auf*. Auf diese Weise erhält er sein Gleichgewicht und *vermeidet Schwankungen seiner inneren* (und kaum zu erratenden) *Empfindungen*. Ihm genügt die Tatsache, daß Dinge und Ereignisse eben vorkommen.

Die männlichen extravertiert-intuitiven Partner von introvertierten Empfindungsfrauen haben es längst aufgegeben, in das Innere ihrer Frauen eindringen oder ein besonderes Interesse dafür aufbringen zu wollen. Irgendeine Anregung, Ermutigung oder Bestätigung erhalten sie nicht, jedoch auch keine Entmutigung. Was sie tun oder lassen, interessiert diese Empfindungsfrauen ohnehin nur wenig, solange ihre Männer garantieren, daß keine schwerwiegenden Veränderungen eintreten und alles seinen gewohnten Lauf nimmt. In der Tat organisieren diese das Leben ihrer Frauen so, daß sie unbehelligt leben können. Ihre Partner spüren auch, daß sie *in dieser Hinsicht* schutzbedürftig sind. Da viele Intuitive ihre Macht- und Überlegenheitsbedürfnisse befriedigen, indem sie anderen helfen, sind sie zufrieden. Zum Erstaunen aller Außenstehenden dauern solche Ehen häufig ein Leben lang, obwohl beide Partner sich eigentlich nichts zu sagen haben und obwohl sie nebeneinander her leben. Es gibt innerhalb solcher Ehen keine Höhen und Tiefen, sondern nur das, «was eben vorkommt». Dabei ist der Schutz des Partners das Bindeglied. Er hilft ihr, indem er ihr möglichst alles, was zuviel oder zuwenig ist, vom Leibe hält. Sie hilft ihm, indem sie seine Überlegenheit fördert. Das, was er tut, ist wohlgetan, das, was sie tut, ist ihrer Meinung nach nahezu unbedeutend.

Viele introvertierte Empfindungsfrauen wehren auch alles ab, was sie sexuell zu sehr ansprechen könnte, ja, für etliche ist ein voller Orgasmus schon zuviel des Guten. Sie sind teils frigid, teils nur in Grenzen sexuell erregbar. Sie sind ihren Männern nicht böse, wenn sexuell nichts mehr läuft. Einige von ihren Männern haben daher außereheliche Sexualbeziehungen. Oft bleiben sie dennoch bei ihren Frauen *(«Sie braucht mich!»)* und betreiben ein Doppelleben. Offenheit würde bei ihren Frauen zu schweren Störungen führen. Manche Außenstehende wundern sich, wie ein so tatkräftiger unternehmungsfreudiger und allem Neuen gegenüber aufgeschlossener Intuitionsmann mit einer so *nichtssagenden* und scheinbar langweiligen Frau zusammenleben kann, glauben aber, des Rätsels Lösung zu finden: «Sie ist immer gleichbleibend freundlich und unbeirrbar. Sie ist der ruhende Pol – und das braucht er.» So ist es wohl auch. Die beste Abwehr gegen außen ist tatsächlich gleichbleibende Freundlichkeit – aber bitte: nicht zu viel und nicht zu wenig.

Das Archaische im chronisch verletzten Empfinden

Wenn die Abwehr der introvertierten Empfindungsfrau durch irgendein Ereignis versagt, dann ist das angestrebte Gleichgewicht gestört. Automatisch wird die mindertwertige Intuition mobilisiert. Die ohnehin schon abgewertete Außenwelt erscheint dann *als solche* noch mehr entwertet. Sie wird zur Trägerin von Bedeutungen und unbewußt ablaufenden Interpretationen, die dann mehr oder weniger dem Bewußtsein aufgedrängt werden. Mit anderen Worten: Das Bewußtsein wird einem zwanghaften Druck des Unbewußten ausgesetzt.

Solange die Wirksamkeit der Intuition noch unbewußt ist, tut der introvertierte Empfindungstyp so, als hätten die äußeren Objekte eine ganz besondere Bedeutung im negativen oder positiven Sinn. Da die nunmehr belebte Intuition sich in einem unterentwickelten Zustand befindet, vermittelt sie archaische, oft sehr primitive Inhalte des Unbewußten, welche sehr häufig einen magischen Charakter haben. Dementsprechend geht «das Ding als Ding» dem Empfinden immer mehr verloren und wird zum Träger heilvoller oder unheilvoller Kräfte. Das Auto zum Beispiel ist dann nicht mehr nur ein nützliches Fortbewegungsmittel oder/und etwas Schönes, Angenehmes, Bequemes. Es kann darüber hinaus oder vorwiegend zu einem Ort werden, wo man sich geborgen und beschützt vorkommt im Sinne von «hier kann mir nichts mehr passieren».

Während der extravertierte Empfindungstyp seine Freude hat, im Urlaub endlich wieder einen schönen Stau zu erleben (!) – endlich «hautnahe» Kontakte, denen niemand ausweichen kann –, gibt dem introvertierten Empfindungstyp das eigene Auto Schutz vor den Zudringlichkeiten der anderen Autos und Menschen.

Der extravertierte Intuitive ist frustriert, weil er ohnmächtig ist und nicht weiterkommt und zur relativen Unbeweglichkeit verdammt ist. Der introvertierte Intuitive zieht sich in seine schweigsame Innenwelt zurück, träumt vor sich hin und bestraft den Stau mit seiner Geringschätzung oder gar Verachtung: «Diese miese Welt!»

Für den introvertierten Empfindungstyp ist nicht selten das Haus ein Ding, dem heilvolle Kräfte innewohnen. Nur dort kann er gleichsam wie in den Händen einer gütigen Gottheit gedeihen. Oder es zieht ihn an ein Plätzchen im Wald, auf eine bestimmte Wiese oder an eine bestimmte Stelle am Fluß. Hier kann er aufatmen und leben. Er erlebt eine Art von völlig unbewußter «Heiligkeit», hier erfährt er «Heil» und sogar «Heilung». Viele introvertierte Empfindungstypen sehnen sich nach einem bestimmten Land, zum Beispiel Südafrika, Italien oder Tibet. «Dort fühle ich mich wohl und bin ganz gesund. Kaum bin ich wieder hier, geht es mir erneut schlecht.» Selbst extravertierte Empfindungstypen, die chronisch und schwer verletzt worden sind, können sich ein Refugium in der Introversion suchen und dann ähnliche Züge aufweisen wie die habituell introvertierten Empfindungstypen.

Die Gesundheit als fast magisches «Ding»

Da bei fortschreitender Introversion der Empfindungstypen die körperlichen Mißempfindungen und die funktionellen Beschwerden zunehmen, wird die Gesundheit das Allerwichtigste von der Welt. Da gibt es Dinge, die heilvoll, und andere, die unheilvoll sind. «Wenn ich morgens mein Müsli nicht bekomme, geht es mir schlecht.» Andere werden krank, wenn sie morgens auf ihre zwei gekochten Eier verzichten müssen oder abends im Hochsommer die heiße Suppe ausbleibt. Wieder andere schwören auf Rohkost oder andere Diäten. Manche nehmen kein Medikament ein, wenn auf der Packung nicht wenigstens das Wörtchen «biologisch» oder doch «bio» steht, während alles Chemische, die «bitteren Pillen» und die schrecklichen Psychopharmaka das größte Gift und eigentliches Teufelswerk sind.

Umgekehrt gibt es andere, die auf «Chemie» setzen. Sie gehen nie ohne ein chemisches Schmerzmittel aus, und sie würden nie zum Homöopathen oder Heilpraktiker gehen, es sei denn, er verschreibe Massagen. Ich habe Menschen kennengelernt, denen half ein Desinfektionsmittel der Harnwege gegen Grippe und Heuschnupfen. In einem Fall heilte es eine Lähmung. Ein anderer schluckte über viele Jahre Penizillin (ein Antibiotikum), das bei ihm auch gegen Migräne und Kopfschmerzen wirksam war.

Die hier angedeuteten archaischen Elemente, die dem verletzten introvertierten Empfinden beigemischt sind, und ihr fanatischer Beigeschmack sind nicht leicht korrigier- oder ausgleichbar, eben weil das gesunde, dingbezogene Empfinden geschädigt ist.

Phobien als Ausdruck der «Entdinglichung» der Empfindungsobjekte

Bei einem «bösartigen Verlauf» von «Entdinglichung» der Welt, das heißt, wenn der Empfindungstyp aus Abwehr die äußeren Empfindungen übermäßig ablehnt und die unterentwickelte Intuition mobilisiert wird, entstehen unter anderem Zwangs- und gewisse Angstneurosen. Da auch das Empfinden des eigenen Körpers gestört werden kann, treten Mißempfindungen verschiedenster Art und Qualität auf, die wir auch als *funktionelle* (also nicht anatomisch begründete) *Störungen* ansehen. Sie können sich zu einer echten *Hypochondrie* verdichten.

Der Verlust der äußeren Empfindungsobjekte kann auch lebenslange und schwer beeinträchtigende Phobien nach sich ziehen. Eine Form ist die Platzangst oder *Agoraphobie*. Dabei wird die Straße, der Marktplatz oder die weite Landschaft überhaupt nicht mehr als etwas Reales, mit dem man umgehen kann, empfunden, sondern als etwas total Bedrohendes, das schwere (pathologische) Ängste provoziert, als ob überall der Teufel oder der Tod sitzen würde. Es handelt sich um eine weitgehende *Dämonisierung der Welt*. Die Kranken können das Haus allein nicht mehr verlassen, manchmal nicht einmal mehr mit einer vertrauten Person (noch erhaltene Objektbesetzung!). In sehr schweren Fällen können diese Menschen nicht einmal mehr den Stuhl verlassen (um zum Beispiel aufs Klo zu gehen), weil es abgesehen vom Stuhl zu einem totalen Objektverlust gekommen ist. In anderen Fällen ist das Verlassen des noch vertrauten Hauses und das Erreichen des Autos nur schwer möglich, weil die Patienten das letzte noch erhaltene Objekt nicht loslassen und das neue Objekt (Auto) noch nicht empfindend besetzen können. Sind sie dann einmal im Auto, ist alles gut, weil es als Auto empfunden und als schützend erlebt wird.

Viele dieser Phobiker haben zunehmend Mühe, die Dinge als Dinge zu empfinden, weil die Neubesetzung der Objekte nicht mehr recht gelingt, da man sie ja wieder verlieren wird. Die Verlustangst ist dann so groß, daß die Objekte gar nicht mehr durch Empfinden wiedergewonnen werden können. Solche Patienten legen es eigentümlicherweise geradezu darauf an, sich an solche Personen zu klammern, die bald weggehen, oder an Ältere, deren Tod vermutlich näher liegt. Sie warten auf den nächsten Verlust.

«Ist der Herd ausgeschaltet?»
Kontrollzwänge und Zwangsdenken

Auch mehr oder minder ausgeprägte *Zwänge* sind bei Beeinträchtigungen der Empfindungsfunktion sehr häufig. Es gibt zahllose Menschen, die an leichteren oder schwereren *Kontrollzwängen* leiden: «Habe ich die Haustüre abgeschlossen?... Habe ich das Licht ausgemacht?... den Herd abgeschaltet?... den Wasserhahn zugedreht?» Die Kontrolle muß oft mehrere Male wiederholt werden mit dem Resultat, daß sehr viel Zeit vergeht, bis der Betroffene aus dem Haus kommt. Oder er muß, bereits unterwegs, wieder umkehren, um die Kontrolle zu wiederholen, oder von auswärts zu Hause anrufen und jemanden bitten, doch für ihn zu kontrollieren.

Auch hier tritt anstelle des gesunden Empfindens: «Der Herd ist aus!» eine Art magischer Bedrohung, er könnte eingeschaltet sein, obwohl man eben gesehen hat, daß er ausgeschaltet ist. Die mangelhafte Verwertbarkeit von empfundenen Erfahrungen ist in solchen Fällen auf die Spitze getrieben. Die magische Bedrohung wird dann häufig durch denkerische Argumente kompensiert: «Es ist doch wirklich gefährlich, wenn der Herd nicht ausgeschaltet ist. Das Haus könnte abbrennen!» (Objektverlust). Solche und ähnliche «Argumente» können sich schließlich als quälende *Zwangsgedanken* manifestieren, die unablässig das Bewußtsein malträtieren: Das Unbewußte ist extrem feindlich geworden, und die Intuition, die an die Stelle des Empfindens getreten ist, muß sich mit diesen Gedanken zwangsläufig identifizieren, *weil die Identifizierung die Wahrnehmungsform der In-*

tuition ist. Ein solcher Mensch meint dann, *er* denke solche schrecklichen Sachen. In Wahrheit werden sie dem Ich aber vom Unbewußten aufgedrängt.

So mußte zum Beispiel ein in seiner Empfindungsfunktion schwer verletzter (katholischer) Empfindungsmann ständig «denken»: «Die Heilige Maria ist eine Hure ... die Heilige Maria fickt mit allen ... die Mutter Gottes treibt es mit allen ...» Der Mann war selbst entsetzt und entrüstet zugleich. Da er glaubte, er denke so etwas Schreckliches, und da er nicht merken konnte, daß *es* in ihm solche Gedanken gebar, fühlte er sich schwer schuldig und erwartete die fürchterlichste Strafe Gottes.

Es stellte sich dann heraus, daß seine Großmutter ihm über Jahre hin als Kind Gewalt angetan hatte: Jedes Mal, wenn sein kleiner Penis etwas erregt war, nahm sie ihn samt den Hoden in die Hand und drückte ihn heftig nach unten. Diese Prozedur wiederholte sich mehrfach am Tag. Als er dann etwa sieben Jahre alt war, schlug sie mit der Hand auf seinen Penis ein, bis er anschwoll: «Du bist ein Ferkel, du bist ein Wüstling», beschimpfte sie ihn. Noch im Alter von dreizehn Jahren wusch sie seine Geschlechtsteile und wischte ihm den Po ab. Mit vierzehn verprügelte er sie dann plötzlich derartig mit den Fäusten, daß Gesicht und Kopf genäht werden mußten. Er kam als «gewalttätiger Jugendlicher» in ein Heim, während jedermann die ehrbare Großmutter, «die ihn mit so vielen Opfern allein großgezogen hatte», bedauerte. Als er später erzählte, was sie ihm angetan hatte, glaubte ihm niemand: «Er hat eine kranke Phantasie und ein Gewaltpotential.»

Eine junge Empfindungsfrau mußte von früh bis spät «denken»: «Gott ist ein Schwein, Gott ist ein Schwein ...», bis sie nur noch schrie in ihrer Qual. Aufgrund der schweren Verletzung ihrer extravertierten Empfindungsfunktion wurde diese verdrängt. Dadurch wurde die bislang abgespaltene und deshalb unterentwickelte Intuition in entsprechend introvertierter Tendenz mobilisiert. Im Gegensatz zur entwickelten introvertierten Intuition, welche Gott als etwas extrem Gutes wahrnimmt, erschien hier ein minderwertiger Gott aufgrund des minderwertigen Funktionierens der Intuition. Dieser Gott hatte etwas Teuflisches und Schweinisches an sich, das die Patientin zur Verzweiflung brachte.

Das therapeutische Vorgehen bestand darin, erst einmal die Abwehr des «schweinischen Gottes» zu verringern. Die Patientin wurde gemäß der Methode der «paradoxen Intention» (nach V. E. Frankl) aufgefordert, ständig zu sprechen und nach jedem Satz auszurufen: «Gott ist ein Schwein!» Sollte sie das vergessen, wurden die «Übungen» verlängert, das heißt, sie wurde bestraft.

Natürlich wurden noch andere Inhalte des Unbewußten bewußt gemacht, unter anderem ein sexueller Mißbrauch seitens des Vaters. Gleichzeitig mußte sie wieder lernen, ihre verdrängte Empfindungsfunktion in Gang zu setzen und insbesondere ihr Sexualempfinden als gut und zu ihr gehörig zu erleben. Das dauerte viele Jahre, aber es gelang.

Die unzugängliche Schöne

Hilde, eine introvertierte Empfindungsfrau, eine Schönheit, lebt hinsichtlich der Intensität ihres Empfindens wirklich auf «Sparflamme». «Nur nicht zuviel an mich heranlassen.» Dementsprechend wirkt sie kühl, distanziert und mißtrauisch-abwartend. Wenn sie lächelt (es ist immer dasselbe stereotype Lächeln!), weiß man nicht, warum, und wenn sie nicht lächelt und aus großen unbeweglichen Augen in die Welt blickt, weiß man ebenfalls nicht warum. Sie bleibt stets unergründlich. Der Außenstehende, der mit ihr eine Zeitlang in Kontakt kommt, fühlt sich frustriert.

Hilde sucht aber Kontakte, findet auch immer wieder Männer, die von ihr fasziniert sind. Die meisten kommen aber nur einige Male zu ihr, offenbar, weil sie nicht an das unzugängliche (introvertierte) Empfinden Hildes herankommen und kein «Echo» verspüren. Sie ist für viele die «Traumfrau», der «Engel», die «ewige Geliebte», gerade weil sie nicht zum erlebbaren «Miteinander» gelangen kann.

Sie ist Sekretärin und hat häufig ihre Stellen gewechselt. Die introvertierte Empfindung «empfindet» nicht «objektgerecht», sondern geht eigene Wege, sie wird «empfindlich» und immer subjektiver. So tun ihr oft die Objekte Gewalt an, das heißt, sie treffen und verletzen die Empfindsamkeit. Hilde hat an jeder Arbeitsstelle etwas auszusetzen: Der Chef verlangt, sie möge einige Briefe schreiben. «Er will viel zuviel von mir... er nützt mich aus.» Der Chef korrigiert einen Schreibfehler. «Er traut mir nichts zu.» Der Chef ist schlecht gelaunt und diktiert etwas unwirsch. «Er beachtet meine Persönlichkeit nicht und benimmt sich unmöglich. Er soll freundlich zu mir sein.»

«Ich komme mir wie eine Edelnutte vor»

Hilde findet an einem Nachbarn Gefallen, und sie wünscht sich ihn als Lebenspartner. Sie träumt: «Mein Nachbar versucht, mich zu küssen. Dann kommt meine beste Freundin. Diese wird in ein Zimmer eingesperrt. Ich schaue durchs Schlüsselloch und sehe, wie die Freundin vergewaltigt wird. Dabei ist aber die Freundin die treibende Kraft, denn sie verführt die Männer und will eine Art von Gruppensex veranstalten.»

Der Traum stellt Hildes Grundsituation dar: Die Freundin ist sie selbst. Sie verführt die Männer, das heißt, sie sucht immer neue und viele Kontakte und Beziehungen, jedoch wird aus alldem eine Vergewaltigung. Es ist alles zu heftig, zu grob. Sie wird ausgenutzt. In diesem Empfindungsschema ist Hilde gleichsam eingesperrt. Auch dann, wenn jemand sich ihr liebend nähert, erträgt sie es nicht, weil es zu heftig für ihre «Sensibilität» ist. Und so ist Hilde «in sich selbst gefangen».

Sie empfindet auch ihren Körper nicht mehr «korrekt» und hat ständig neue Körperbeschwerden, ohne physisch krank zu sein. Immer wieder ist sie erschöpft und ständig um ihre Gesundheit besorgt.

Hilde hat eine neue Wohnung. Sie läßt ihre Wohnungstür einschnappen und will durch die Haustüre ins Freie. Da bemerkt sie, daß sie ihre Schlüssel in der Wohnung gelassen hat. Es ist Weekend. Im Haus ist sonst niemand. Sie kann weder in ihre Wohnung hinein, noch zur Haustür hinaus und bleibt vier Stunden lang auf seltsame Weise «eingesperrt»: nach außen kann Hilde nicht (sie ist introvertiert), der Schlüssel für das Rätsel, das Hilde sich selbst ist, liegt «im Inneren» (ihrer Wohnung), der eigenen inneren Empfindungswelt, welche Hilde nicht begreifen kann. Diese Fehlhandlung ist eine vom Unbewußten gesteuerte Inszenierung ihrer eigenen Situation, die sie nicht erfassen kann oder will.

Die Leiden, denen die introvertierte Empfindungsfrau sehr häufig ausgesetzt ist, kommen durch die Introversion und die damit verbundene Subjektivierung des Empfindens zustande. Das «richtige Wahrnehmen», das heißt die objektgerechte Empfindung ist stark eingeschränkt, wie das Beispiel Hilde zeigt. In gewisser Weise mißdeutet sie die Welt und erlebt dadurch nur noch die eigenen Empfindlichkeiten. Auch die Beziehung zum eigenen Körper ist gestört. Die Mißempfindungen werden zur Krankheit. In gleicher Weise gestalten sich die Beziehungen zu Männern, auch hinsichtlich der Sexualität. Man hört bei Hilde immer nur, was die Männer mit ihr machen: Sie nutzen aus, sie mißachten die Seele Hildes, die Kontaktaufnahmen der Männer sind immer irgendwie verkehrt oder mangelhaft, erfolgen zur falschen Zeit oder bei ungeeigneter Gelegenheit. Daß Hilde ihr eigenes Sexualempfinden verdrängt hat, ist ihr nicht bewußt. Wenn es ihr nicht gelingt, ihre Introversion ein wenig zu korrigieren und damit wieder zu guten Körperempfindungen und Objektempfindungen zu gelangen, wird sie ein schweres Leben haben.

Meines Erachtens ist die *Introversion der Empfindung eine besondere Form des Objektverlustes*. Man kann von einem *chronischen Objektverlust* sprechen. Etliche der introvertierten Empfindungsfrauen arrangieren sich einigermaßen damit und können weitgehend symptomfrei leben, andere hingegen, wie Hilde, rütteln an ihren Fesseln und wollen sich befreien, «nach außen» gelangen. Ich gehe davon aus, daß diese Frauen durch kindliche und frühkindliche Schädigungen, meist durch eine traumatisierende Mutter-Kind-Beziehung, zur Introversion gezwungen wurden. Es wurde ihnen von ihren Müttern Gewalt angetan, zum Beispiel durch chronische Zuwendungsverweigerung oder Unterdrükkung natürlicher Empfindungen, durch Sexualfeindlichkeit und – häufig bei Pietisten – Ablehnung der Sinnenfreudigkeit. Das sind bei einem von der Konstitution her determinierten Empfindungstyp eigentliche Vergewaltigungen.

Wenn die Mütter die konstitutionelle (oder schicksalhafte) psychische Grundstruktur ihrer Kinder nicht erkennen können oder wollen, sie in Unkenntnis großziehen, und das, was ein Kind aufgrund seines psychischen Standpunktes unbedingt braucht, mißachten, vergewaltigen sie ihre Kinder zwar nicht in sexueller, aber – was unter Umständen noch schlimmer ist – in psychischer Hinsicht. Ich kann hier nicht weiter darauf eingehen.

Zusammenfassende Betrachtungen über die Empfindungsfunktion

Das Empfinden, entwicklungsgeschichtlich gesehen die zweitälteste psychische Wahrnehmungsfunktion, ist vor allem für die Wahrnehmung der allernächsten Umgebung der Seele zuständig, nämlich für den eigenen Körper. Insofern ist sie sehr körpernah. Diese Verhaftung am Konkreten hat sie mit der Fühlfunktion gemeinsam. Durch das Empfinden können wir den Körper erleben. Die Gegensätze in diesem Bereich sind Schmerz – Lust; Ekel – Genuß; warm – kalt; angenehm – unangenehm. Hinsichtlich der Bewegungsempfindung: Bewegung – Ruhe; Spannung – Entspannung; harmonisch – unharmonisch; ausweiten – begrenzen.

Die grundlegende Empfindungsqualität ist der Gegensatz

schön – unschön (häßlich). Es ist schön, Lust und Genuß zu haben, es ist unschön (häßlich), Schmerz und Ekel zu empfinden. Sprachlich verwenden wir auch die Begriffe gut – schlecht. Dabei haben «gut» und «schlecht» aber keine moralische Qualität. Die Empfindung ist – wie das Denken und die Intuition, a-moralisch, das heißt, die Moral wird als solche nicht wahrgenommen.

Empfindungsdominanz findet sich mehrheitlich bei Frauen. Die aufmerksame Körperwahrnehmung ist entwicklungsgeschichtlich für die Trägerinnen des Lebens als Garant des Überlebens der Art von hervorragender Bedeutung, denn biologisch ist das Leben und Überleben der Frau wichtiger als das des Mannes. Hundert Frauen und ein Mann garantieren den Nachwuchs besser als hundert Männer und eine Frau. Lediglich die auf der motorischen Ebene beheimatete Bewegungsempfindung ist entwicklungsgeschichtlich für den Mann wichtiger als für die Frau. Der Mann wurde von der Natur mit mehr Muskeln ausgestattet, um seine Beweglichkeit und Kraft zu gewährleisten, was für den Kampf gegen Feinde und Rivalen und die Beschaffung von Beute, später zur Werkzeugentwicklung und Bewältigung schwerer Arbeit lebenswichtig war.

Im Lauf der zivilisatorischen und kulturellen Entwicklung hat sich die Empfindungsfunktion immer neue *ästhetische Objekte* geschaffen und sich dementsprechend differenziert. Allein schon die Vielzahl der Gegensatzbegriffe bei der Beschreibung der Empfindungsqualität erweist die Vielfältigkeit und Weitfächrigkeit der Empfindungsfunktion, deren Erleben einen breiten Teil unseres Lebens ausmacht.

Das Empfinden assoziiert sich gerne mit dem Fühlen, das heißt, daß häufig das Fühlen als zweites Standbein entwickelt wird. Das ist (meist bei Frauen) eine sehr glückliche Kombination. Die relative *Oberflächlichkeit* der Empfindungsfunktion erhält durch eine Vertiefung durch die Fühlfunktion auch eine moralische Stütze, ohne welche sie ausgesprochen a-moralisch ist. Zugleich mildert das Hinzutreten der Fühlfunktion die der Empfindungsfunktion eigene unpersönliche Wesensart. Die Empfindung spricht auf lustgebende und schöne Objekte an. Die Kreation von Düften, feinen Salben, Seifen und Schminken, die Sauberkeitspflege, die Frisuren, der Schmuck, vor allem aber die Mode und die Verschönerung des Körpers dienen der Verfeinerung der Körperempfindungen und erheben den Körper zu einem bedeutsamen Empfindungsobjekt. Die sich immer weiter differenzierende Empfindungsfunktion erhob den Körper (insbesondere der Frau) zu einem schönen, attraktiven, lust- und genußverheißenden Objekt, schön zum Anschauen, Vorzeigen, Berühren, Genießen.

Mancher Mann verliebt sich in dieses «schöne Bild» und erwartet tiefe Liebesgefühle, die aber oft enttäuscht werden, besonders, wenn sich bei Frauen die Empfindung mit dem Denken assoziiert hat. Dann muß der Mann bald erkennen, daß er sich in eine «kalte Schönheit» verloren hat, die seinem Bedürfnis nach warmer Liebeszuwendung überhaupt nicht entspricht. Erwartet er aber weniger Gefühle und verfügt er selbst über eine gute Empfindungsfunktion, können sich beide im gemeinsamen Genuß und gemeinsamen Schönen treffen, zum Beispiel im Sport oder Wandern oder im wechselseitigen Sexualgenuß. Letzterer wird vor allem als immer neuer lustintensiver Genuß erlebt und weniger als Ausdruck einer Liebes- und Gefühlsbeziehung. Es fehlt – im Gegensatz zum Fühlen – die persönliche Beziehung.

Die Frau mit Empfindungsdominanz ist – im Gegensatz zur Frau mit Fühldominanz – weniger treu, weil ihr unter Umständen andere Männer und der Drang nach immer neuen positiven Empfindungen denselben oder gar einen besseren Genuß der Sexualfreuden verschaffen können. Der pure Empfindungsmann ist praktisch immer untreu, weil die Freude an der schönen Frau ihn immer neu inspiriert und animiert. Ist er auch noch Künstler, erachtet er die unverbindlichen Verbindungen mit Frauen geradezu als eine Notwendigkeit für seine Kreativität.

Das differenzierteste Empfindungsobjekt aber ist die Kunst: Musik, Malen, Architektur, Skulptur, Film, Theater…

Die Industrie benutzt die Empfindungsfunktion für ihre Werbung durch ästhetische Verpackungen und farbenfrohe Werbefilme, in welchen hübsche, vor allem junge Frauen simple Liedchen und fröhliche Kinderaugen eine große Rolle spielen. Sie verheißen: «Trink dieses Getränk, iß jene Süßigkeit, fahre jenes Auto ... und dein Leben ist glücklich!» So werden immer neue Empfindungsbedürfnisse geweckt und die Geschmäcker verfeinert. Ein Denkmann wird wenig damit anfangen können. Für ihn ist all das überflüssig, oberflächlich, Tingeltangel und für seicht-dümmliche oder infantile Gemüter bestimmt. Er würde es bestenfalls als nebensächliche Zierde und schlimmstenfalls als genußsüchtiges Laster ansehen, kurz, eine illusionäre Verirrung. Er wird vielleicht die hochdifferenzierten Kunstwerke Mozarts und Beethovens, van Goghs und Chagalls eines schätzenden Blickes würdigen.

Ist die Empfindungsfunktion chronisch verletzt, können sich leicht hypochondrische Syndrome und psychosomatische Krankheiten entwickeln. Insbesondere die Körperempfindungen werden nicht mehr korrekt wahrgenommen. Das verletzte Empfinden und die Unfähigkeit zur Empfindung verführen leicht zum Drogenkonsum, um sie wieder flott zu machen oder die eingebildeten Krankheiten zu betäuben. Menschen mit Empfindungsdominanz, deren Empfinden verletzt worden ist, haben größte Ängste vor dem Tod. Die Empfindung muß nämlich immer neu und wiederholt genährt werden. Sie lebt von der *Repetition.* Sie ist an den Augenblick gebunden und erfährt, daß sie ihn nicht festhalten kann. Daher muß er wiederholt werden. Das Bewußtsein der Flüchtigkeit, der Sterblichkeit ist für das Empfinden sehr schwer zu ertragen. Es leidet besonders unter der Vergänglichkeit, an der es keinen Sinn entdecken kann. Angst vor dem Alter und dem Vergehen des Schönen umschatten und kränken die Empfindung. Einen Sinn des Daseins vermag sie nicht zu erkennen, es sei denn, sie erhebe das Streben nach möglichst viel Lust und Genuß zum immer neuen Lebensziel. Ist der Genuß der Sinne nicht mehr möglich, ist die Suizidrate von Menschen mit Empfindungsdominanz relativ hoch. Solange aber wenigstens der künstlerisch-ästhetische Genuß möglich ist, gibt die Empfindungsfunktion durch ihre Vermittung von Schönheit auch eine gewisse Sicherheit.

2. Teil

Die Intuition

Partnerschaftskonflikte zwischen Intuition und Empfinden

Intuitionsmann – Empfindungsfrau

Paul ist seit Jahren mit *Margrit* verheiratet. Sie haben drei kleine Kinder, welche Margrit viel zu schaffen machen. Der Kinder wegen mußte sie ihre Arbeit als Betreuerin von in Not geratenen Frauen aufgeben, was ihr schwerfiel. Sie konnte für diese Frauen zwar keine besonderen Gefühle aufbringen, aber die Beschäftigung mit ihnen empfand sie als belebend und sinnvoll. Nun mußte sie vorübergehend diese Empfindungsobjekte aufgeben, hatte aber dafür die Wohnung und die Kinder ständig zur Verfügung.

Diese beanspruchten die Empfindungen Margrits jedoch wesentlich mehr, als ihr lieb war, so daß sie sich nach und nach in sich selbst zurückzuziehen begann. Eine gewisse Introversionstendenz machte sich bemerkbar. Dadurch wuchs ihr alles noch mehr über den Kopf. Die Frauen, die sie zuvor professionell betreute, nahmen sie nur in dem Maße in Anspruch, wie es ihrer Empfindungsfähigkeit entsprach. Haushalt und Kinder hingegen erzwangen ihre empfindende Zuwendung. Dagegen wehrte sie sich.

Sie stöhnte unter der Last der Kinder und deren ständigen Forderungen. Immer wieder sagte sie zu Paul: «Du hast es gut, du machst deine Arbeit. Müßtest du wie ich tagtäglich auf die Kinder aufpassen, dann wärst du fix und fertig.» In ihrem gereizten Zustand verweigerte sie auch zunehmend die sexuellen Rapporte, was Paul erheblich irritierte – und Margrit fühlte sich immer weniger verstanden.

Paul, ein sehr geschätzter und beliebter Masseur, hatte «heilende Hände», die spürten, wo die Verspannungen der Klienten sich etablierten. Als Intuitionsmann wußte er auch, worauf sie zurückzuführen waren. Er diagnostizierte also nicht nur die jeweilige lokale «Krankheit», sondern er deutete sie auch. Ein kleinerer Teil seiner Patienten fand seine Interpretationen überflüssig und nicht zu ihrem Leiden passend. Ein großer Teil hingegen war sehr angetan von der Tiefe seiner Gedankengänge und seinem psychologischen Verständnis. Er selbst erlebte seine Arbeit als sinnvoll, aber sehr anstrengend. Er glaubte lange, seine Arbeit mache ihn kaputt, beziehungsweise erschöpfe ihn viel zu sehr. Er wurde zu Hause gereizt und konnte in seiner depressiven Stimmung Margrit unter der Woche nur wenig tätig zur Seite stehen. An den Wochenenden nahm er ihr aber die Betreuung der Kinder und die Erledigungen im Haushalt weitgehend ab.

Wie mit Spinnenfäden verbunden

Eines Tages überraschte Paul seine Frau mit dem Vorschlag, sie solle alleine drei Wochen in Urlaub fahren. Er selbst nehme sich ebenfalls Urlaub. Er werde zu Hause alleine mit den Kindern bleiben und all die Lasten, die Margrit so zusetzten, übernehmen. Margrit willigte gerne ein und sah insgeheim die Stunde ihrer Genugtuung herannahen: «Er wird schon sehen, wie anstrengend mein Leben ist.»

Nach Ablauf des Urlaubs kam Margrit etwas erholt zurück. Zu ihrer Enttäuschung fand sie Paul und die Kinder in bester Verfassung. Es ging ihm so gut wie seit Jahren nicht mehr – vielleicht auch wegen der Abwesenheit seiner Frau. Sie fragte, wie er denn alles bewältigt habe. «Ich brauchte gar nichts zu bewältigen. Es war alles ganz einfach.» Margrit staunte: Das Haus war recht sauber, die Zimmer ordentlich aufgeräumt, die Wäsche gewaschen und gebügelt, die Kinder zufrieden. Sie fragte: «Waren die Kinder denn nicht anstrengend?»

«Überhaupt nicht, sie waren in keiner Weise eine Belastung.»

«Und wie hast du das gemacht?»

«Weißt du, ich bin mit den Kindern *wie mit Spinnenfäden ver-*

bunden, mit unsichtbaren Spinnenfäden. Ich spüre auch, wie sie untereinander mit denselben Fäden verbunden sind. So weiß ich, wann ein Kind mich braucht. Bevor es selbst etwas sagt, bin ich ein wenig bei ihm, spiele oder wir plaudern. Ich merke aber auch, wenn es mich nicht mehr braucht. Dann gehe ich und mache etwas anderes, bis ich spüre, daß die beiden anderen Kinder mich brauchen, und wie und für was. Ich gehe dann zu ihnen, bis ich merke, daß sie allein sein wollen. Dann kann ich das Essen machen und den Tisch decken. Die Kinder spüren, wenn es fertig ist, und kommen ganz von alleine zu Tisch. Und so habe ich es den ganzen Tag gemacht. Nachmittags schliefen sie ein wenig. Dann konnte ich auch schlafen. Später freuten sie sich, mit mir einkaufen zu gehen. Was soll ich dir sagen? Es war alles ganz einfach. Abends hatte ich sogar noch viel Zeit für mich – es war wunderschön.»

Margrit war sehr erstaunt, aber nur zum Teil erfreut. Ihm gelang es, alle auf seltsame Weise zu «regieren», während sie von den Kindern «regiert» wurde. Er wußte, was sie wann nötig hatten, und so brauchten sie ihn nicht auf sich aufmerksam zu machen. Sie fühlte sich nicht nur um ihre Genugtuung betrogen, sondern auch gedemütigt: Er machte alles gleichsam spielerisch, sie dagegen mußte sich abstrampeln von früh bis spät.

Wir können sehen: Margrit als Empfindungsfrau «hantiert» mit «Dingen». Er hantiert überhaupt nicht, weil er das «Wesen» dieser «Dinge» (Kinder, Haushalt, erforderliche Tätigkeiten) erfaßt. Er hat einen besonderen «Draht» zu allem – eben seine Spinnenfäden –, und dieser «meldet» ihm, was gerade ansteht. Er folgt diesen Signalen ohne jede Mühe und ist in Übereinstimmung mit dem Innern der Kinder und diese mit ihm.

Die Dinge und ihr Sinn

Auch die «toten Dinge» stören Paul nicht. Sie haben alle ihren Platz, ihre Funktion und ihren Sinn. Hat er diese Bedeutsamkeiten wahrgenommen, genügen wenige Handgriffe, um jedes Ding in die sinngemäße Ordnung zu bringen. Dadurch wird Abwaschen, Aufräumen, Kochen, Einkaufen eine sinnerfüllende Tätigkeit. Margrit aber verspürt nur die Last der Dingwelt. Wenn Paul zu Hause mit den Kindern alleine ist, fügt er sich gleichsam in eine vorgegebene Bedeutungs- und Sinnwelt ein, während er sich bei seiner Arbeit anstrengen muß, den jeweiligen Sinn zu finden.

Überhaupt ist für ihn alles, was vorkommt und vorhanden ist, ein Anlaß, etwas daraus zu machen, die Dinge einem inneren Konzept unterzuordnen und sie zur Realisierung des Konzeptes zu benutzen. Insofern ist er ein Künstler. Er hatte einmal ein Häuschen eigenhändig gebaut und brauchte nur technische Gehilfen. Ohne Konzept hat er zum «Ding als Ding» keine Beziehung, weil er es nicht empfindet. Ist er aber kreativ, gibt es das Ding «als Ding» nicht mehr, es ist nur noch Mittel zum Zweck. Hätte Paul keine materialgebundene Kreativität, also keine Einfälle und Konzepte, durch welche den Dingen ein Sinn zukommt, wären sie ihm gleichgültig bis lästig.

Intuitive, deren Schöpfungen nicht materiell, sondern gedanklicher und geistiger Natur sind (Komponisten, Schriftsteller, zum Teil auch Maler, kreative «Denker»), sind in der Regel unpraktisch. Sie haben einen Widerwillen, mit Materialien handfest umzugehen, weil sie diese nicht als potentiell sinnvoll empfinden können. Nähert sich aber ein gestaltetes Werk (ein Brunnen, eine Treppe, ein Kamin) dem Kunstwerk, kann der Intuitive gut mit den Materialien umgehen, das heißt, dann ist er auch praktisch. Sonst braucht er die Hilfe eines Empfindungstyps.

Und doch sind Dinge schwierig. Aber die Partner können sich ergänzen

Martin ist Religionslehrer. Er sitzt zu Hause und träumt vor sich hin. Da fällt ihm ein, wie ein bereits vorhandener Kamin mit Kacheln verschönert werden könnte. Er macht einen Entwurf, besorgt sich die Platten und will sie dann eigenhändig anbringen. Da aber verspürt er einen Widerstand. Er kommt mit diesen Kacheln nicht zurecht, obwohl er weiß, wie man sie anbringt, und obwohl er den fertigen Kamin vor Augen hat. Die Plättchen fühlen sich so fremdartig an. Er hätte sich sehr anstrengen müssen, das Werk zu Ende zu bringen, wäre nicht seine Empfindungsfrau nach Hause gekommen. Sie kann zupacken und faßte freudig mit an. Für sie ist die Kachel eine Kachel, für ihn ist sie ein Stück des Konzeptes für ein Kunstwerk. Gemeinsam aber bringen sie das Werk ohne jede Schwierigkeit zustande.

Ganz ähnlich ergeht es dem Intuitionsmann *Ulrich,* Dozent für Geisteswissenschaften an der Uni. Er hat große Mühe, die materiellen Dinge zu empfinden. Im Unterschied zu Paul hat er zu den Dingen keine «Spinnenfäden» ausbreiten können. Daher wird er beim Abwaschen plötzlich ganz unsicher, fast so, als sei diese Tätigkeit nicht durchführbar. Er hat keinen Bezug zu Tellern und Töpfen. *Diese wirken wie Fremdkörper* in seiner Seele, ihr Vorhandensein entspricht keinem inneren Ordnungsgespür, kurz, er ist nicht «in Harmonie» mit ihnen.

Zum Glück kommt seine Empfindungsfrau hinzu – und beide zusammen vollenden das von ihm programmierte Werk mühelos. Hätte er die Küche allein in Ordnung bringen müssen, wäre er danach völlig erschöpft gewesen.

Diese Ergänzung der Partner in der Lebensbewältigung macht beide glücklich. Sie haben die Verschiedenheit ihrer Natur weitgehend erkannt, akzeptiert und sogar schätzen gelernt. Oft gelingt es ihnen, zu sagen oder zu denken: «Gerade weil du von mir verschieden bist, liebe ich dich.»

Die machtvolle Überlegenheit des Wohltäters

Evelyne kommt zum Therapeuten. Sie ist eine Empfindungsfrau, Anfang dreißig, verheiratet mit dem Intuitionsmann *Max* und hat zwei Kinder. Sie befindet sich in einem sehr belastenden Konflikt mit ihrem Mann, von welchem dieser allerdings wenig weiß. Sie war in Kur und verliebte sich dort in einen ebenfalls verheirateten Mann mit Kindern. Die Liebesnächte in der psychosomatischen Klinik mußten sie heimlich verbringen, was für sie eher aufregend war, für ihn jedoch ein Hemmnis bedeutete.

Die Liebenden planten, sich nach der Entlassung außerhalb der Klinik privat wieder zu treffen. Das geschah auch zweimal, jedoch mit solchen äußeren Schwierigkeiten, daß sie wiederum nicht gut zueinander finden konnten. Evelyne wartete täglich auf die Anrufe des Geliebten bei sich zu Hause, und zeitweilig war es ihr fast gleichgültig, ob ihr Mann *Max* etwas merken würde. Sie scheute sich, ihm klaren Wein einzuschenken, und bemerkte nur gelegentlich, daß sich in ihren Gefühlen ihm gegenüber etwas geändert hatte. In Wirklichkeit trug sie sich mit Trennungsgedanken. Er schien von alldem wenig Notiz zu nehmen, obwohl sie nur zögernd die sexuelle Beziehung wieder aufnahm.

Im Grunde schämte sich Evelyne, fremdgegangen zu sein. Der Therapeut fragte sie: «Was haben sie an ihrem Mann eigentlich auszusetzen?»

«Das ist ja gerade das Problem. Ich habe nämlich einen sehr guten und fürsorglichen Mann, der mir alle Wünsche von den Augen abliest und sie nach Möglichkeit erfüllt. Jede Frau beneidet mich, so einen Mann zu haben.»

«Er geht also auf Sie ein?»

«Wo er nur kann.»

«War das immer so?»

«Ja, von Anfang an. Einen besseren Mann hätte ich gar nicht finden können.»

«Und warum dann der Kurschatten?»

«Ich weiß nicht recht... er war gar nicht so rücksichtsvoll wie Max. Er sagte mir nur, er habe sich verliebt und er wolle mich haben.»

«Hat er sich denn für Sie als Person interessiert?»

«Schon, er sprach aber mehr von sich und davon, daß für ihn seine Ehe eine Belastung sei, er sich aber nicht von seiner Familie trennen wolle.»

«Glauben Sie, daß er Sie verführt hat, um eine Entlastung zu erleben, einfach eine unkomplizierte und sorgenfreie Beziehung?»

«Das mag sein ... aber eigentlich habe ich ihn verführt. Als ich merkte, daß ich ihm gefiel, machte ich mich schön zurecht und kleidete mich sexy. Ich spürte eine solche Lust und Sehnsucht in meinem Körper wie noch nie ... verzeihen Sie, aber ich war richtig geil.»

«Und das strahlten Sie auch aus?»

«Offensichtlich. Ich merkte, wie er nicht mehr anders konnte, mich suchte und jede Möglichkeit wahrnahm, um bei mir zu sein.»

«Und dann hat er Ihre Sehnsüchte erfüllt?»

«Voll und ganz. Ich fühlte mich wie neugeboren. Ich hatte den Eindruck, *ich sei endlich wieder ich selbst!*»

«Dann denken Sie bis nächstes Mal gut darüber nach.»

Der große, rücksichtsvolle Mann

Das Gespräch wurde fortgesetzt.

Therapeut: «Letztes Mal sagten Sie, daß Sie sich endlich wieder als Sie selbst empfunden hatten. Waren Sie denn bei Max nicht Sie selbst?»

(Zögernd) «Schon auch ein wenig, aber *so* nicht.»

«Das sieht ja so aus, als ob Max Ihnen etwas weggenommen hätte oder für sich beanspruchen würde?»

(Lange Pause) «Ich will es so sagen: Max nimmt mir viele Sorgen und tägliche Belastungen ab.»

«Zum Beispiel?»

«Wissen Sie, wir schlafen nicht mehr zusammen.»

«Heißt das, Ihr habt keine intimen Beziehungen mehr?»

«Doch, doch. Es ist so: Max sagt, ich dürfe mich nicht durch ihn eingeengt fühlen und er wolle nicht, daß wir Verkehr haben, wenn *er* es wolle, sondern nur dann, wenn *ich* es will. Deshalb schläft er im Hobbyraum und ich oben. Und wenn ich ihn dann sexuell haben wolle, solle ich zu ihm kommen, dann sei er sicher, daß er mich nicht durch seine eigenen und, wie er sagt, ‹egoistischen Sexualwünsche› bedränge.»

«Hatten Sie ihm gesagt, Sie würden sich durch ihn eingeengt fühlen?»

«Ja, das sagte ich ihm eine Zeitlang. Man hört in der Zeitung und im Fernsehen davon, wie gewalttätig die Männer im sexuellen Bereich sind. Vergewaltigung in der Ehe nennt man es. Auch las ich, wie die Männer sich von den Frauen bedienen lassen und sie unterdrücken und wie Sexsklavinnen behandeln. Wir Frauen wollen nicht die Sexualobjekte der Männer sein, hieß es.»

«Und Max, was sagte er dazu?»

«Er lachte nur und fragte mich: ‹Mußtest du mich schon einmal bedienen?› Das mußte ich verneinen. Max ist völlig selbständig. Er saugt sein Zimmer, er macht sein Bett, und die gemeinsamen Räume reinigen wir abwechslungsweise. Er kocht für sich, wenn ich nicht da bin, und oft kocht er für alle und deckt den Tisch. Er räumt ab und bringt das Geschirr in die Spülmaschine. Er geht fast immer einkaufen. Gestern sagte er: ‹Liebling, ich kaufe dir auch gleich einen neuen Lippenstift, ich habe gesehen, daß deiner bald aufgebraucht ist.› Dann brachte er noch zwei Paar meiner Lieblingsstrümpfe mit. Er macht alles. Alle Gänge zu den Ämtern, er geht zu den Elternabenden, er hilft mir beim Bügeln, er ist immer freundlich und fröhlich. In all den Jahren unserer Ehe habe ich nur selten erlebt, daß er mißgelaunt oder launisch war.»

«Das ist ja fast ein idealer Mann!?»

«Wirklich, er nimmt mir alles ab, und es ist schön, so umhegt, geliebt und berücksichtigt zu werden. Wo er hinkommt, ist er beliebt.»

«Aber nun, weshalb dann Ihr Kurschatten?»

«Offenbar vertrage ich keinen idealen Mann.»

«Vielleicht ist es eher so, daß er Ihnen zuviel abnimmt. – Wo bleiben Sie? Er macht doch an Ihrer Statt Dinge, die Sie selbst auch machen könnten und vielleicht sogar wollten.»

«Ja, Sie haben recht. Ich hatte auch schon mal flüchtig gedacht, daß ich immer unselbständiger werde. Aber es ist auch schön, wenn einem so viel abgenommen wird. Welche Frau von heute hat schon dieses Privileg?»

«Mir scheint aber, daß Sie dieses Privileg mehr belastet als erfreut. Sonst hätten Sie doch Ihr Herz nicht an einen wildfremden Mann gehängt.»

«Es muß wohl so sein. Wissen Sie, ich kam von einem behüteten Elternhaus direkt zu diesem behütenden Mann. Ach, ich habe so eine Sehnsucht nach eigenem Leben. Ich will einfach auch andere Männer kennenlernen, ich will frei sein, ich will zu mir selber kommen. Noch bin ich jung ... ich will mein Leben genießen.»

«Ich erfülle dir alle Wünsche» – unbewußte Machtausübung

Obiger Ausschnitt aus vielen Gesprächen verdeutlicht eine Partnerbeziehung, in welcher der Intuitionsmann eine sehr subtile Art von Macht ausübt. Bei jedem Intuitionstyp, gleichgültig ob Mann oder Frau, spielt die Macht eine zentrale Rolle. Max ist Evelyne völlig überlegen, und er zeigt, daß er sie eigentlich nicht braucht. Er ist souverän und in seiner Güte, seinem Verständnis, seiner Hilfsbereitschaft und der Überwindung des sexuellen Egoismus eine einsame Größe. Er ist kein Macho. Nein, er bügelt, wäscht, putzt, kocht, kauft ein, versorgt die Kinder, achtet auf jedes Bedürfnis seiner Frau, zugleich ist er kraftvoll, unbeirrbar und fröhlich, beliebt bei allen, auch am Arbeitsplatz.

Evelyne und Max haben ein psychisch behindertes Kind. Evelyne war deshalb ganz verzweifelt, Max aber erwies sich als von unendlicher Geduld und Fürsorglichkeit. Er brauchte nicht immer wieder eine Kur wie sie. – Insgeheim herrschte er über sie kraft seiner Überlegenheit. Er trat gleichsam an ihre Stelle und nahm ihr den Platz weg. Erst bei ihrem Geliebten war Evelyne wieder sie selbst und fing an zu merken, daß sie bei Max eben nicht mehr sie selbst sein konnte.

Eine recht große Zahl von Intuitionsmännern hat diesen sozial gesehen sehr bewundernswerten Weg der Machtausübung gewählt: «Schaut her, wie gut, moralisch und vorbildlich ich bin. Wo ich kann, helfe ich. Ich erfülle alle deine Wünsche. Ich bin ganz uneigennützig.» Sie können sich diesen Weg auch ohne sichtbare Störungen leisten, weil der Machtkomplex dem Ich sehr viel Energie zufließen läßt. Gegen diese Machtausübung kann niemand etwas einwenden. Allen diesen Intuitionsmännern (und Intuitionsfrauen) ist die Tatsache der heimlichen Machtausübung *völlig unbewußt.* Das Fremdgehen Evelynes war der erste Machtverlust, den Max hinnehmen mußte. Sobald er das weiß und die Demütigung erfährt, kann er vielleicht auch, durch Bewußtwerdung seiner Machtposition, etwas korrigieren und Evelyne mehr Eigenständigkeit zugestehen. Max hatte zwar einen scheinbaren Machtverzicht geleistet, indem er sich nur dann sexuell betätigt, wenn Evelyne es will. Die Motivation zum Machtverzicht war aber, eine Überlegenheit allen «normalen» und gewalttätigen Männern gegenüber zu erlangen nach dem Motto: Verzichte auf Macht, um noch größere zu erlangen.

Nicht umsonst träumte Evelyne von Männern, die sie vergewaltigen oder sie «schütteln», was heißt: «Ich will aufgerüttelt werden und die männliche Sexualkraft spüren. Nicht ich will über die Sexualität der Männer verfügen. Ich will sie nur genießen. Er soll mich nehmen, und nicht ich ihn.» Die Träume Evelynes wollen offenbar wieder normale Verhältnisse herstellen, in welchen Mann und Frau sich ungekünstelt begegnen können. Dazu ist es nötig, daß Max von seinem überlegenen und so hochmoralischen Thron durch Demütigung gestürzt wird. Er muß wieder durchschnittlich werden und lernen, in einer gewissen Weise egoistischer zu sein und natürlichen Machtansprüchen in sich selbst gerecht zu werden, auch in sexueller Hinsicht.[5]

Eine Sexualblockierung

Silvia beklagt sich beim Arzt, sie verliere zusehends ihr Geschlechtsempfinden, und wenn es so weitergehe, werde sie frigide. Silvia ist eine sehr attraktive Empfindungsfrau mit genügend Sexualerfahrung. Ihr jetziger Partner *Moritz,* mit dem sie sich sehr gut versteht und den sie heiraten will, ist ein erfolgreicher Geschäftsmann. Als Intuitionsmann ist er von Silvia sehr angezogen. Zugleich verschafft ihm ihre Eroberung eine Selbstbestätigung, darf er doch seine Kraft und seine Macht bei ihr entfalten. Dabei will er aber durchaus hilfreich sein.

Als er nämlich merkt, daß Silvia mit ihm sexuelle Schwierigkeiten hat, *will er ihr helfen.* Er wünscht, daß sie mit ihm zu einem vollen Orgasmus kommt. Deshalb stellt er sich auf sie ein und *beschäftigt sich mit ihrer Sexualität.* Er weigert sich, sie sexuell zu besitzen, wenn sie nicht mithalten kann. Er will sie nicht benutzen und «ausnutzen», erst wenn sie es wünscht, will er intim zu ihr kommen. Dennoch bedrängt er sie und übt, wie Silvia sich ausdrückt, Druck auf sie aus. Er wolle fast jeden Abend etwas von ihr, und wegen dieser Druckausübung sei sie dann blockiert. Moritz will sie dann von ihrer Blockierung befreien. Aber je mehr er sich bemüht, um so konsequenter wird ihre Blockade.

Der Arzt verordnet zunächst die Entfernung von Moritz aus dem gemeinsamen Bett, um Silvia von seinem «Druck» zu befreien. Beide sind damit einverstanden und voller guter Vorsätze. Moritz kann aber diese Trennung nicht durchhalten, was Silvia lächelnd (!) dem Arzt berichtete. Gleichzeitig differenzierte sie spontan den «Druck»: *«Er soll aufhören, so lange an mir rumzumachen.»* «Er soll einfach und gleich zu mir kommen, dann hört das Gefummel auf. Dann habe ich es entweder schnell überstanden oder ich gehe mit.»

Silvia hat erkannt: Die sexuelle Beziehungsstörung besteht nicht darin, daß er sie sexuell haben will, sondern *wie.* Silvia will sagen: Moritz *solle aufhören, sich um ihre Sexualität zu kümmern,* und fordert von ihm, er solle sich beschränken und sich mit *seiner* Sexualität beschäftigen. Moritz hat sich (offenbar unbewußt) *ihres Sexualempfindens bemächtigt,* und *deshalb* blockiert sie ab, nicht, weil er ihr gegenüber Sexualwünsche hat. Er soll lediglich aufhören, ihre Sexualität zu «verwalten», und soll statt dessen seine eigene gewähren lassen. Sie weist seine Machtansprüche über ihre Sexualempfindung klar zurück, wünscht *seine* Sexualität.

Moritz hat Schwierigkeiten, von seinem «Helfenwollen» loszukommen und seine heimlichen Machtbestrebungen so umzulenken, daß er sich selbst kraft- und machtvoll im Bereich der Sexualität erleben darf. Dies obwohl Silvia ihn auffordert, die falsche Rücksichtnahme aufzugeben.

Dann wäre Moritz zwar nicht mehr der edle Wohltäter, der immer zuerst an andere denkt, dafür aber ein ganz gewöhnlicher Mann mit natürlichem Geschlechtstrieb. Er muß also den Mut und die Kraft aufbringen, eine Art von «Verbrechen» zu begehen, nämlich seine Partnerin als Objekt seiner Sexualität zu betrachten und zu benutzen. Erst so wird seine innere Beziehung zum Macht- und Geltungskomplex «richtig», wie es der Spruch andeutet:

And Sex
and crime (!)
and rock
and roll.

Dann nämlich ist nicht mehr *er* der erhabene Helfer (aber auch Usurpator) *ihrer* Sexualität, sondern er steht im Dienst seines (hier sexuellen) mächtigen «Gottes» – C. G. Jung nennt ihn das «Selbst».

Innere Programme des Mannes verwalten die Frau

Daß die Intuitionstypen ihre Grundstruktur und ihre Beziehung zur Macht und Machtausübung auf den Partner so wenig kennen, bewirkt unter Umständen sehr große und schmerzliche Partnerschaftskrisen. So wie Moritz die Sexualität Silvias «verwalten» will, so neigen alle Intuitionstypen dazu, ihre Partner(innen) auch auf anderen Gebieten zu «verwalten» – natürlich in bester Absicht und mit vielen «vernünftigen» Begründungen. Sie glauben, ihre Partner(innen) brauchten das, und es geschehe zu deren Heil, sie könnten ohne ihre Intervention gar nicht existieren.

Will eine Empfindungsfrau eine Blumenvase kaufen, und zeigt sie die Vase im Geschäft ihrem Intuitionsmann, wird dieser vielleicht sofort zustimmen (denn er will ihre Wünsche respektieren und auf sie eingehen). Er wird dann sagen: «Gut, gehe die Vase am Samstag kaufen.»

Am Samstag will die Ehefrau dann den Kauf tätigen, aber da will er plötzlich mitgehen und vermittelt ihr den Eindruck, sie sei dazu allein nicht fähig. Vergeblich macht sie ihn darauf aufmerksam, daß der Kauf doch eine von beiden gutgeheißene Sache und sie in der Lage sei, allein ins Geschäft zu gehen. Nein, er will mit. Im Geschäft angekommen, kann es passieren, daß er plötzlich nicht mehr mit dem Erwerb der Vase einverstanden ist. Man müßte sich vielleicht doch noch in anderen Geschäften umsehen. – Es könnte ja sein, daß dieselbe Vase anderswo billiger zu haben wäre.[6]

Unsere Empfindungsfrau ist in ihrer Empfindung schwer verletzt, da das Empfinden im Jetzt und Sofort verankert ist. Sie wird ihre Vase sicher bekommen – aber sie wird sich nur noch mäßig darüber freuen können, *weil er ihr Empfinden weggenommen und ihr streitig gemacht hat. Er bestimmt nämlich, wie sie und wann sie und mit wem zusammen sie zu empfinden hat.*

Häufen sich diese Ereignisse und merken die Intuitiven nicht, wie sie ihre Empfindungsfrauen usurpieren, werden solche Beziehungen sehr konfliktreich.

Phobien als Folge des Empfindungsverlustes

Im Extremfall können die Intuitionsmänner bei ihren Empfindungsfrauen schwere psychische Erkrankungen provozieren. Da sie von Natur aus ohnehin «raumfüllend» sind (außer bei vorwiegender Introversion) und in ihrer unbewußten Machtausübung aus Liebe und Fürsorge alle Kommandohebel der Beziehung besetzen, können ihre Empfindungsfrauen bald überhaupt kein eigenes und von ihnen unabhängiges Empfinden mehr entwickeln. Sie haben dann keine eigenen Empfindungsobjekte mehr. Ihr Ich wird energetisch entleert, und jedes Selbstbewußtsein ist dahin.

Dafür befallen sie eine Angstneurose oder Phobien[7] (z. B. Platzängste), die sie zugrunde richten können. Niemand wird vermuten, daß ihre integren und fürsorglichen Intuitionsmänner bei ihrer Krankheit Pate stehen und sie unterhalten. Kann die Frau mit Müh und Not noch die eigene Wohnung als Empfindungsobjekt erhalten und kommt dann der Mann nach Hause, nimmt er ihr allein durch seine Anwesenheit das verbliebene Empfindungsobjekt weg, und die Angst bricht über sie herein. Je mehr er sich um sie bemüht: «Jetzt gehen wir dahin und dorthin ..., du mußt sofort etwas unternehmen, du hast keinen Grund zur Angst ...», um so schlimmer wird ihr Zustand.

Allgemein ist der Empfindungstyp sehr empfindlich, wenn andere in seinen Empfindungsbereich eindringen – selbst dann, wenn dies geladene Gäste sind. Parties zu arrangieren, ist für Empfindungsfrauen oft sehr aufregend und schwierig, weil die Gäste sich einerseits wohlfühlen, andererseits ihre «Kreise» (zum Beispiel das Empfindungsobjekt Wohnung) nicht stören sollen. An viele Dinge gleichzeitig zu denken und einen ganzen Abend im voraus übersehen zu müssen, ist zudem schwierig. Da kann der Intuitionsmann ihr erfolgreich zur Seite stehen, indem er die Organisation in die Hand nimmt.

Die irrationalen Typen und ihre Sexualität

Die Sexualität bei der Empfindungsfrau

Das gesunde, erwachsene und von keiner Moral verdorbene Empfinden erlebt Sexualität als etwas sehr Schönes und als Lust am Leben. Sie führt zum wunderbaren Erleben des eigenen Körpers als ein hohes Gut, als «Spaß» und als etwas Selbstverständliches. Sex ist überhaupt kein Problem. Man könnte sagen: «Solange ich Sex verspüre, lebe ich, habe ich mein volles Selbstbewußtsein, bin ich o. k.» In guten Partnerschaften ist es völlig klar, daß es der Mann ist, durch welchen die Empfindungsfrau zur Erfüllung der Sexualempfindungen gelangt. Ist dieser – wie meist – ein Intuitiver, und ist er ebenfalls erwachsen und differenziert, weiß er, welche Rolle er zu spielen und welche Bedeutung seine Sexualbeziehung für die Frau hat. Zugleich aber wird er voll und ganz befriedigt, weil er Macht über sie hat. Die Empfindung sagt: «Ich liebe Sex, weil es mir Spaß macht.» Die Intuition sagt: «Ich liebe Sex, weil ich mich dadurch mächtig fühle.»

Aber selbst wenn dem intuitiven Partner nicht klar ist, wie die Frau ihn empfindet, und auch dann, wenn er seine Sexualität «egoistisch» mit ihr lebt, ist die Empfindungsfrau sehr zufrieden. Sie sieht keinen Anlaß, sich bei anderen Männern ihre sexuelle Befriedigung zu holen, obwohl ihre Fantasien durchaus einige Ausflüge zu anderen Männern ermöglichen. Diese Fantasien werden jedoch als «unwirklich» erlebt, solange die Sexualbeziehung mit dem Partner klappt. Wir wissen bereits, daß die Empfindung am Objekt haftet und es besitzen will. Ist ihr der Besitz des Objektes sicher, wird die Empfindungsfrau bei ihrem Partner bleiben. Fängt sie aber, aus welchen Gründen auch immer, an, an der Verläßlichkeit des Partners zu zweifeln, das heißt, erscheint ihr der Besitz ihres Sexualobjektes unsicher, wird sich in der Empfindungsfrau eine quälende *Eifersucht* entwickeln.

Das mag dem Intuitionsmann zunächst schmeicheln. Er wird sich in seiner großen Bedeutung sonnen und dem Gefühl seiner Unentbehrlichkeit und Macht hingeben: Er kann ihr helfen, wenn er nach Hause kommt und mit ihr schläft. Er ist so groß, daß ihr Glück von ihm abhängt. Das alles ist ein Lebenselixier für ihn als Intuitiven.

Das wäre zum Beispiel beim puren Denktyp nicht möglich. Ihm würde sofort das «unlogische Verhalten» der Frau auf den Wekker gehen, und er würde sich sogar dazu verleiten lassen, zu denken: «Meine Frau hat nur Sex im Kopf und sonst nichts.» Im Extremfall würde er sogar impotent.

Der Intuitionsmann hingegen kann diese Eifersucht der Empfindungsfrau sehr lange aushalten, weil sie seine Machtbedürfnisse befriedigt. *Er* bleibt ihr in einer solchen Situation deshalb durchaus treu. Aber auch da gibt es eine Grenze. Die eifersüchtigen und ängstlichen Kontrollen der Empfindungsfrau verletzen im Lauf der Zeit seine Machtbedürfnisse. Und indem sie sich an ihn klammert, ihn für sich alleine in fast zwangshafter Form in Anspruch nimmt, verletzt sie auch seine *Souveränität.* Sie rüttelt an seinem Thron. Er wird schließlich sagen: «Du nimmst mir meine Freiheit. Du willst mich an dich fesseln, mich in Ketten legen – und *das* lasse ich mir nicht mehr gefallen!»

Ist dies einmal ausgesprochen, gibt es kein Zurück mehr: Er wird augenblicklich ausziehen und *nie wieder zu ihr zurückkehren.* Er hat kraft seiner «königlichen Macht», die keine Fesseln duldet, gesprochen, und das gilt.

Normalerweise kann die Empfindungsfrau ihren Mann «heimlich» an sich binden, indem sie ihr Sexualglück, das er ihr verschafft, auf ihn wirken läßt und diese ihre Wirkung nicht durch Zweifel an ihm schmälert und seine Geduld auf harte Proben stellt. In diesem Fall kann die Paarbeziehung – wird sie nicht durch anderweitige Mißverständnisse oder schicksalhafte Ereignisse gestört – gerade in sexueller Hinsicht ein Leben lang andauern. Gute Sexualbeziehungen stellen ein sehr bedeutsames und fundamentales Bindeglied dar. Gewiß ist Sexualität nicht alles, aber sie ist ein Glück, das niemand leichtfertig oder aus wechselseitiger Unkenntnis aufs Spiel setzen sollte. Solange die Partner ihre Sexualität auch *spielerisch* leben und fantasievoll und im ästhetischen Rahmen betätigen können, und solange sie ihre Macht (Intuition) und Besitzansprüche (Empfindung) in ausgewogener und bewußter Weise befriedigen, gibt es keine Gründe, auseinanderzugehen.

Je einseitiger entwickelt die Empfindungsfunktion aber ist, um so weniger sind Empfindungstypen bereit, ihren Partnern treu zu sein, ja überhaupt Dauerpartnerschaften einzugehen. Je klarer die Empfindungsfrauen ihr Empfindungsleben wahrnehmen und sich ihres Typus bewußt werden, um so mehr wollen sie den Bereich ihrer Empfindungsobjekte erweitern. Es gibt mehr Empfindungsfrauen, als man glaubt, die neben ihrem Ehemann eine Dauerliebschaft mit einem anderen pflegen und sich darüber hinaus den Luxus leisten, hie und da bei einem dritten Geliebten vorzusprechen, wobei der Ehemann oft von nichts weiß. Am Ehemann halten sie als verläßlichem Besitzstand fest, und die Liebhaber verschaffen immer neue Sexualempfindungen. Diese Genüsse führen zu keinen eigentlichen Liebes- und Dauerbeziehungen (wie das zum Beispiel zwischen Fühlfrau und Denkmann der Fall ist). Wenn das Fühlen nicht entwickelt ist, spielen moralische Rücksichten nicht die geringste Rolle.

Treten in sexueller oder anderer Hinsicht Störungen auf, sind Empfindungsfrauen sehr schnell bereit, den Partner zu wechseln. Haben sie einen finanziellen Vorteil, können sie bei ihm bleiben und sich heimlich zugleich außerhalb der Ehe neue Partner suchen. *Als Maßstab der Tauglichkeit eines Mannes gilt die Intensität ihres Vergnügens.* Diese einseitig hochentwickelten Empfindungsfrauen sind zwar in gewisser Weise emanzipiert und befreit vom Joch der Treue, aber sie werden mehr und mehr zu Gefangenen im hohen Turm ihrer Empfindungen, welche sie füttern müssen. Das potentielle Du wird nur benutzt und ausgenutzt, und die Beziehungsfähigkeit ist dahin.

Diese Empfindungsfrauen haben sich *verstiegen,* und die verdrängte Intuition verschafft sich durch heimliche und schließlich offensichtliche Machtansprüche Gehör. Die Sexualempfindung «es macht Spaß, und so ist es gut», wird dann überschattet durch das Erleben: «Ich habe Macht über die Männer. Sie sollen meiner Lust und meiner Macht dienen.» Erst wenn sie älter werden und merken, daß ihre Attraktivität nachläßt, gehen solche pure Empfindungsfrauen eine feste Beziehung ein.

Es ist nicht ausgeschlossen, daß diese Empfindungsfrauen nach und nach *das Fühlen entwicklen,* durch welches eine echte Beziehung zustandekommen kann und beide Partner für den Rest des Lebens aneinander gebunden sind. Sie können natürlich auch die Denkfunktion entwickeln, ihre Situation rational besser einschätzen lernen und vielleicht einen Intuitiven mit Fühlfunktion finden, der sie lehrt, auch ein wenig Wärme als Wert zu spüren. *Die exklusive Hochzüchtung der Empfindung ist zwar ein Maximum, aber überhaupt kein Optimum,* weil diese Empfindungsfrauen schließlich von schweren Verlustängsten und von der Furcht vor der Vergänglichkeit befallen werden. Sie müssen ihrem Egoismus, der in jeder Empfindung verborgen bereit liegt, einen hohen Tribut leisten. Die Erinnerung an tausend Liebesnächte trägt wegen der schon erwähnten mangelnden Erfahrungsverwertung der Empfindung nur sehr wenig. Liebesnächte sind nur tragend, *während* sie geschehen und kurz danach. Dann müssen sie wiederholt werden. Ist das nicht mehr möglich, bleibt nur die Sehnsucht übrig. Sie führt zur Trauer, weil sie nicht mehr erfüllt werden kann.

Bei hochentwickeltem ästhetischem Empfinden kann der Kunstgenuß oder eigene schöpferische Tätigkeit der einzige Trost sein und Erfüllung gewähren. Es gibt auch junge Empfindungsfrauen, deren Ästhetik so hochgezüchtet ist, daß ihnen die sexuelle Genußfähigkeit völlig abhanden kommt.

Die Sexualität beim Empfindungsmann

Der gesunde erwachsene Empfindungsmann erlebt seine Sexualität als eine Lustquelle, aus welcher er so viel wie möglich trinken möchte. Für ihn ist Sexualität wenn möglich noch wichtiger als für die Empfindungsfrau, weil die männliche Sexualität einen viel stärkeren Triebcharakter hat als die weibliche. Er erlebt Sexualität als zunehmende Spannung, die sich unbedingt entladen muß. Anders als der Denkmann, der fast immer in einem Konflikt mit seiner Sexualität steht, nimmt sie der Empfindungsmann als etwas Selbstverständliches. Unter freien gesellschaftlichen Bedingungen ist die Sexualität etwas von der Moral Unabhängiges. Der Empfindungsmann will sie betätigen, und solange er das kann, steht es um sein Selbstbewußtsein und um seinen Lebenssinn gut. Auch er ist auf die Welt gekommen, um zu genießen.

In der Regel macht er davon kein Aufhebens und hat es nicht nötig, damit zu prahlen. Er sucht nur Gelegenheiten und freut sich, wenn es geklappt hat. Trifft er auf Empfindungsfrauen, geht alles reibungslos, da beide Partner eigentlich nur sich selbst in gleicher Weise empfinden wollen. Es gibt dann «Zweckverbindungen», die eine Weile dauern können und ziemlich komplikationslos sind. Eine eigentliche Verliebtheit kommt aber kaum zustande, da der Empfindungsmann von Intuitionsfrauen angezogen wird. Diese sind aber nicht ohne weiteres bereit, mit Männern ins Bett zu gehen, weshalb Empfindungsmänner oft an Empfindungsfrauen geraten. Es handelt sich dann um unverbindliche sexuelle Beziehungen. Auf diese Weise kommen häufige Partnerwechsel zustande: Beide kosten gleichsam aus, wo es am besten geht und am schönsten ist. Eine Party genügt, um einen neuen Sexualpartner zu finden und die Partner zu tauschen.

Man könnte denken, Empfindungsmänner würden auf diese lockere Weise ihr Leben fortführen und wie die Bienen von Blume zu Blume fliegen, um sich ihr Vergnügen zu holen. Das ist aber nur selten der Fall, weil es dem Empfindungsmann darauf ankommt, seine Sexualempfindungen regelmäßig leben zu können. Findet er eine Partnerin, die diesen Wünschen weitgehend entgegenkommt, wird er bei ihr bleiben und versuchen, sich diese Frau als dauernden Besitz zu sichern. Er wird vor allen Dingen auf Heirat drängen. Da alle Männer zumindest in einem verborgenen Winkel ihres Herzens muttergebunden bleiben[8], erwarten sie die Präsenz der Frauen zu Hause. Das Geld verwalten sie aber lieber selbst, da es ein wichtiges Empfindungsobjekt ist. Auch die Arbeit ist für sie als Objekt ihrer Empfindung wichtig. Verläuft all das ohne nennenswerte Störungen, und ist die Frau bereit, seine Sexualwünsche zu befriedigen, sind die Empfindungsmänner im ganzen treu.

Sollte es jedoch zu länger dauernden Zwisten kommen, wird der Empfindungsmann «anfällig» für andere Frauen. Findet er eine Intuitionsfrau, die besser auf ihn eingeht, verläßt er seine Frau und versucht zugleich, Geld und Besitz zu behalten. Trifft er aber auf eine Empfindungsfrau, bindet er sich nicht im tieferen Sinn an sie. Sie ist ihm dann eine erfreuliche Geliebte für die Sinneslüste und Gespielin für alle Empfindungswonnen, aber er wird ihretwegen seine Frau nicht verlassen. Er wird immer neue Ausreden erfinden, um zu begründen, warum das *Dreiecksverhältnis* aufrechterhalten bleiben muß: «Die Kinder sind noch klein», «Meine Frau würde krank werden ohne mich», «Es wäre eine finanzielle Katastrophe». Der eigentliche Grund aber ist der, daß sich zwei Empfindungstypen zwar hervorragend auf sexuellem Gebiet verstehen («gleich und gleich gesellt sich gern»), jedoch mangelt es an der «geheimnisvollen» Anziehung, die nur zwischen gegensätzlichen Typen stattfinden kann. Gegensätze ziehen sich an, eine Anziehung, die nicht nur sexuellen Charakter hat.

Die Krisen in den Partnerschaften Empfindungsmann – Intuitionsfrau sind typologisch vorprogrammiert, weil die Intuition Macht- und Souveränitätsansprüche, die Empfindung Besitzansprüche geltend macht. Intuitionsfrauen können nicht ertragen, daß ihre Empfindungsmänner über sie verfügen. Hier gibt es nur eine einzige positive Lösung: Beide Partner müssen sich der Verschiedenheit ihrer psychischen Grundstruktur bewußt werden und die Andersartigkeit anerkennen. Dann wirkt diese nicht mehr ständig verletzend, so daß die sexuellen Begegnungen entspannt werden. *Sie* wird dann die Hintergründe seiner «Inbesitznahme» viel besser verstehen und als die Form seines Liebens würdigen lernen. *Er* wird ihre Souveränitäts- und auch Machtbedürfnisse respektieren. Solche Ehen können sehr fruchtbar, sehr beglückend und dauerhaft sein. Bleibt aber die Bewußtwerdung aus, stehen Entfremdung, Fremdgehen oder Scheidung ins Haus.

Die Sexualität der Intuitionsfrau

Nach meiner Erfahrung haben Intuitionsfrauen ein Gespür dafür, welcher Mann für sie «der Richtige» ist. Die Wahl ihrer Partner folgt einer inneren Eingebung, manchmal einem Einfall, der nicht selten die Würde der unausweichlichen Schicksalhaftigkeit hat. «Der ist es!» scheinen sie zu wissen. Das wirkt so mächtig, daß sie unglaubliche Kräfte und Ideen entwickeln, wie sie ihn für sich gewinnen und verführen können. Er ist dann angetan von der unerklärbaren Kraft, welche die Intuitionsfrauen verströmen. Auch der sonst so nüchterne Empfindungsmann kann sich nur schwer ihrer «Magie» und ihrem seltsamen «Zauber» entziehen. Er erlebt die Intuitionsfrau als verführerische Hexe oder als Zauberin oder Liebesgöttin und erfährt eine gewaltige Steigerung seines Sexualempfindens, wird angerührt von Ahnungen (Belebung der eigenen Intuition!), die für ihn völlig überraschend und unerklärlich sind. Er verfällt ihrer Macht und bleibt bei ihr – oder aber er sucht das Weite in der Angst vor Unergründlichkeiten, denen er nicht gewachsen ist.

Das Erreichen des Zieles ist für die Intuitionsfrau gleichbedeutend mit der Erfüllung gütiger göttlicher Fügung: Der richtige Mann ist am richtigen Ort und zur richtigen Zeit zu ihr gekommen. Seit eh und je war er für sie und sie für ihn bestimmt, und so wird es «für immer» sein. Sie wird ihm treu sein – nicht, weil es moralisch, ein Gebot oder so Sitte ist, sondern weil es völlig selbstverständlich ist, weil es gewissermaßen in der «göttlichen Logik» liegt.

Dieses Erleben haben auch Intuitionsfrauen, die keiner Kirche angehören. Sie werden zum Gefäß, um Großes zu empfangen. *Sie machen keinen Sex «aus Spaß»*. Ihr Sexualempfinden wird vielmehr während des Erlebens so interpretiert, als sei es irgendwie «göttlich». Sie erleben im Sex die «ganz große Bedeutung», als ob Himmel und Erde in wunderbarer Harmonie zusammenkämen. Der menschliche Geliebte bekommt die Dimension eines kosmischen Geliebten. Sollte ihr Empfindungsmann danach in naiver Weise fragen: «War es schön?», ist sie enttäuscht, denn was ist «schön» im Vergleich zu dem, was sie mit ihm erlebt hat!

Auch wenn die Verliebtheit vorüber ist und die sexuellen Begegnungen sich «normalisiert» haben, bleibt ein Abglanz der «Göttlichkeit», dieses ganz Großen und Bedeutenden, erhalten. Kommt es zu Konflikten auf einer anderen Ebene, entzieht sich die Intuitionsfrau den sexuellen Wünschen des Mannes, als ob er sie entweiht hätte oder/und ihrer nicht mehr würdig wäre. Erst wenn der Konflikt beigelegt ist, öffnet sie sich ihm wieder, nicht selten mit wiedergewonnener Intensität und Ergriffenheit.

Im allgemeinen kann man sagen, daß bei nicht allzu starken Konflikten im Alltagsleben die sexuellen Beziehungen zwischen Intuitionsfrau und Empfindungsmann zu den glücklichsten und dauerhaftesten gehören. Sollte es aber sein, daß Entwicklung, Umstände und Ereignisse dazu führen, daß die Intuitionsfrau sich dem Empfindungsmann entfremdet, wird *sie* sich von ihm trennen. Das Schicksal, mit *diesem* Mann zusammenzusein, hat sich erfüllt. Es ist zu Ende. Sie wird nie mehr zu ihm zurückkehren. Er aber wird enorm unter dem Verlust leiden.

Die Sexualität des Intuitionsmannes

Der Intuitionsmann (in vorwiegend extravertierter Einstellung) erkürt sich seine Empfindungsfrau ganz ähnlich wie die Intuitionsfrau. Mehr einer Eingebung als anderen Antrieben folgend, «trifft» ihn ihr Anblick, und er «beschließt»: «Das ist sie!» Auch er wird nicht müde, sein Ziel zu verfolgen und läßt sich dazu einiges einfallen. Er wird ihr das sagen, wovon er glaubt, daß sie es hören möchte. Er ist Meister darin, eine gemeinsame Zukunft zu entwerfen: «Wir werden eine Villa haben, und du wirst darin ein- und ausgehen!» Er sieht das Mögliche schon vor sich als Verwirklichung und meint wirklich, er tue es für sie, und merkt meist nicht, daß er für sich eine künftige Welt entwirft. Er versteht es, sich zu begeistern für große Pläne. Er kennt alle Tricks, er verfügt über Mittel, um haarscharf an der Grenze des Gesetzes agieren zu können. Er wird ihre Sexualität befreien, sie zu Höhepunkten führen wie keiner vor ihm und stellt sich ganz auf sie ein. *Er erlebt seine Sexualität als Machtinstrument, und nur so funktioniert sie gut.*

Hat sie ihn dann geheiratet oder sich innerlich fest an ihn gebunden, läßt das sexuelle Interesse an ihr schrittweise nach. Sie gehört mittlerweile zu seinem Machtbereich und wird deshalb sexuell weniger interessant. Hat er sich zu sehr mit der Sexualität identifiziert, so hat er sich verstiegen, und er muß die Erfahrung machen, viel weniger potent zu sein, als er glaubte. Ist er ein Manager, Unternehmer, ein Kämpfer für eine gute Sache oder Reformer, nehmen seine Machttendenzen die Sexualität immer weniger in Dienst, und seine Frau beginnt, sexuell zu darben. Sie kann dann zwar als Mitstreiterin diesen Mangel kompensieren und sogar lernen, auf Sex weitgehend zu verzichten, indem sie im Werk ihres Mannes aufgeht und ihm die berühmte «Kleinarbeit» wie Buchhaltung, Telefondienst und vieles andere mehr abnimmt (was ihr von der Typologie her ja auch liegt).

Es kann ihm aber auch passieren, daß sie heimlich fremdgeht und ihn über Jahre und Jahrzehnte hin betrügt. Oder er kommt von einer Geschäftsreise nach Hause – und seine Frau ist weg.

Ist der Intuitionsmann aber umsichtig und vergißt es nicht, daß er die Empfindungsfrau ja ständig sexuell befriedigen wollte und dieses «Programm» auch weiterhin einhalten sollte, dann bleibt sein Machtbereich erhalten, und die Ehe geht gut. Seine Empfindungsfrau braucht ihn dann umgekehrt als Besitz, und er wird das respektieren. Doch wird er gerne untreu, denn er braucht *neue Möglichkeiten* (neue Frauen). Solche «Liaisons» sind für ihn völlig unverbindlich. Sie dienen der Bestätigung seiner Macht (auch der sexuellen) und der ständigen Erprobung neuer Möglichkeiten.

Je mehr der Intuitionsmann zur Introversion neigt, um so mehr ist er von seinen inneren Träumereien und Fantasien angetan. Infantile Mutterbedürfnisse bestimmen seinen Tag. Er ist wenig aktiv, schläft lange und hat Mühe, eine ihm gerechte Arbeit zu finden. Die Welt ist eher unwirklich und will ihm nicht entgegenkommen. Statt sie kämpferisch zu bewältigen und sich mit ihr zu messen, wird er nur von ihr verletzt und braucht oft Alkohol und Drogen, um sie zu ertragen. *Sie* soll dann seine Sexualbedürfnisse erraten, doch vor allem soll sie respektieren, wann er nicht mag. Verlangt er von sich aus einmal Sex, muß sie aber sofort bereit sein, auch wenn er sie lange vernachlässigt hat. Der Machtanspruch des Intuitionsmannes ist also auch unter diesen Voraussetzungen geblieben.

Sind mehr extravertierte Intuitionsmänner in Stellungen, die sie nicht genügend befriedigen, oder können sie altershalber keine neuen Unternehmungen starten, verstärkt sich ihre Bereitschaft, sich zu verlieben. Dieses neue sexuelle Machtgefühl entschädigt sie für berufliche Mißerfolge oder langweilig gewordene Tätigkeiten. Nicht selten verhelfen die geliebten Frauen ihnen auch zu besseren Sexualbeziehungen mit der Ehefrau. Diese recht positiven *Dreiecksverhältnisse* wirken erst dann störend und gehen ihrem Ende zu, wenn die Geliebte von ihm verlangt, er solle sich scheiden lassen. Dann muß unser Intuitionsmann sich entscheiden. Seine Entscheidungen fallen seltener zugunsten der Geliebten und häufiger für die Ehefrau aus. Die Intuitionsmänner erhalten lieber ihren alten «Herrschaftsbereich», als ein Risiko auf sich zu nehmen.

Der Intuitionstyp

Die Erfassung und denkerische Beschreibung der Intuition ist nicht leicht, und wir müssen uns schrittweise vortasten. Einige Beispiele mögen dies erleichtern.

Das entfallene Wort

Gertrud erzählt Freunden von einer eben beendeten Reise: «Wir fuhren in unserem Auto nach Überlingen und von dort weiter auf der Autobahn in Richtung Lindau. Dann bekamen wir solchen Hunger, daß wir sie verlassen haben. Wir fanden ein sehr gutes Restaurant und haben vorzüglich gegessen.» Ein Zuhörer fragt: «Wie heißt das Restaurant?»

Gertrud: «Pilgerhof.»

«Wo muß man da abbiegen?»

Gertrud will antworten, aber der Name ist weg: «Ach, wie heißt es denn nur, das ist doch dort, wo eine Kirche ist... sie ist sogar berühmt!»

Gertrud schaut unbestimmt vor sich hin, sie fühlt sich nicht ganz wohl, ist leicht gestört und auch ein wenig desorientiert. «Wie heißt es denn nur..., wir haben doch schon oft davon geredet..., es ist mir ganz geläufig..., *es liegt mir auf der Zunge*..., eben hatte ich es doch noch..., es hat keinen Sinn..., es wird mir schon noch *in den Sinn kommen*..., vielleicht fällt es mir später noch ein.»

Die Zuhörer helfen Gertrud über den leicht peinlichen Zwischenfall hinweg und unterhalten sich über andere Dinge. Daran nimmt Gertrud aber nur oberflächlich teil. Sie blickt weiter vage vor sich hin, und die Freunde merken, daß sie mit ihren Gedanken anderswo ist. Sie wirkt etwas zurückgezogen. Nach etwa fünf Minuten unterbricht sie die laufende Unterhaltung und ruft laut: «Jetzt habe ich es, es ist die Birnau, wo wir abgezweigt sind, *jetzt ist es mir wieder eingefallen!*» Sie strahlt, ist deutlich erleichtert und fühlt sich wieder sehr wohl und zur Gesellschaft zugehörig.

Das Wort «Birnau» ist Gertrud entfallen, das heißt, sie nahm es «sinnlich» (empfindungsmäßig) nicht mehr wahr. Es ist – was die Empfindung betrifft – unbewußt geworden, während das Bild der Kirche ihr durchaus bewußt ist. Psychoanalytiker würden sagen: «Sie hat es verdrängt.» Unangenehme Dinge werden tatsächlich gerne verdrängt. In unserem Beispiel mag etwas Unangenehmes mit dem Wort «Birnau» verknüpft gewesen sein. Aber auch ein vorübergehender Ermüdungszustand kann für das Vergessen verantwortlich sein.

Die Intuition als «Einfallstor» der Einfälle

Das vergessene Wort war für die Empfindungsfunktion nicht mehr greifbar. *Für die unanschauliche Intuition hingegen war es durchaus vorhanden:* «Es liegt mir auf der Zunge.» Das Wortgebilde als sinnenhafte Gestalt fehlte aber noch. Nur die Intuition weiß, daß so etwas *möglich ist!* Sie «brütet» dann über diesem «unfaßbaren» Wort so lange, bis das Wortgebilde «einfällt», also der Empfindung wieder zugänglich, «aussprechbar» geworden ist.

In der Tat *ist die Intuition das Tor für Einfälle.* Der «Einfall» hat etwas Befreiendes an sich und erweitert in gewissem Sinne das Bewußtsein. Gertrud war es während des bemerkten Vergessens unwohl, sie fühlte sich eingeschränkt und etwas gestört. Der Einfall befreite sie, und sie war wieder voll beziehungsfähig. Sie vollzog in der Gesellschaft einen *«inneren Ritus»*, eine Art von Innenschau, dem *Meditieren* verwandt oder sogar mit ihm identisch. Sie steckte so lange psychische Energie in das nicht sinnliche Objekt «Birnau», bis es zum Umschlag kam und das gestaltete Wort als Einfall und Erinnern wieder bewußt war.

Aus Intuiertem wird Empfundenes

Anne fühlt sich unwohl. Der Kopf tut weh, sie ist angespannt und spürt Schwindelgefühle. Dennoch geht sie in einen Malkurs. Im Gegensatz zu früher folgt sie aber nicht den Anweisungen und Vorschlägen der Kursleiterin. Sie geht diesmal «eigene Wege». Das Bild, das entsteht, gefällt ihr. Es ist anders als frühere Bilder. Da merkt sie, daß sie sich sehr wohl fühlt. Kopfschmerzen, Schwindel, Verspannung sind weg, als hätten sie nie existiert.

Anne ist kein Intuitivtyp. Ihre Intuition arbeitet weitgehend unbewußt. Aus diesem Grunde benötigt sie viel Energie zur Bewußtwerdung der Ahnung. Die Spannung verlagert sich in den Körper und schafft solange Symptome, bis das Bild fertig ist. Das noch nicht gemalte «Bild» existiert als vage geahnter Inhalt schon vor dem Malen. Es wird intuitiv bearbeitet, bis es durch Malen der Empfindung zugänglich ist. Das ursprünglich «bildlose Bild» nimmt im gemalten Bild Gestalt an und wird von der Empfindung wahrgenommen. Die Intuitionsarbeit ist zum Abschluß gekommen, die «kranke Anne» wird schlagartig gesund.

Wir können allgemein formulieren: *Die Intuition setzt sich mit Objekten in Beziehung, welche für das Empfinden unbewußt beziehungsweise nicht erreichbar sind. Die Intuition arbeitet also gleichsam für die Empfindung, liefert ihr die Objekte. Aus Intuiertem soll Empfundenes werden.* Das Geahnte wird zum konkreten Wissen, als ob das Empfindungsbewußtsein qualitativ höherwertig, erlebnisintensiver und sicherer wäre. Jedenfalls sind empfundene Objekte greifbarer als die intuitiven Ahnungen. Die Orientierung auf das Empfinden hin ist natürlich nicht die einzige Funktion der Intuition. Den Trend von einer Wahrnehmungsfunktion zur Gegenfunktion finden wir übrigens auf der rationalen Achse (Abb. 1, S. 32: Denken – Fühlen) nicht. Dort werden die beiden Pole als Gegensätze erlebt.

Die schöpferische Intuition

Anne ist «schöpferisch» tätig, obwohl sie gar keine Künstlerin, sondern Hausfrau ist. Sie malt eben. Das Gemalte hat keinen hohen künstlerischen Wert. Ihr Malen aber heilt sie von Symptomen. Dabei geht der schöpferische Prozeß in dieselbe Richtung: Intuitiv Erfaßtes wird so lange bearbeitet (hier unbewußt), bis das «Produkt» der «Bebrütung» sichtbar geschaffen und «verdinglicht» ist. *Die Intuition ist also die schöpferische Funktion.*

Überall dort, wo Kreativität im Spiele ist, findet sich die Intuition in Tätigkeit. Dabei ist es zunächst unwichtig, ob der kreative Mensch weiß, dank welcher psychischer Tätigkeit er schöpferisch ist oder zu was das gut sein soll. Sehr viele kreative Tätigkeiten sind, was die Produkte anbelangt, unnütz, haben keinen hohen Wert und finden im öffentlichen Leben keine Verwendung. Sie ermöglichen es aber, Symptome aufzulösen wie bei Anne, und sie sind Ausdruck und Spiegel eines bestimmten seelischen Zustandes. Man erfährt auf diese Weise etwas vom Innenleben, und so dienen die Schöpfungen der Erkenntnis von sich selbst und des anderen. Das Geschaffene ist gleichsam das Kind des Schöpfers, wodurch eine auch nonverbale Beziehung zwischen ihm und dem Betrachter hergestellt wird.

Der Brückenschlag zwischen Intuition und Empfinden

Bei der Betrachtung von Intuitions- und Empfindungstypen kann man zuweilen erheblich verunsichert werden, weil insbesondere Empfindungstypen unbewußt ihren Gegensatz (die Intuition) als weiteres Standbein benützen und offensichtlich dazu gedrängt werden. Ja, es gibt Menschen, die (allerdings nur auf der irrationalen Achse) wenigstens vorübergehend ihren Standort wechseln können. Sie benehmen sich einmal wie Intuitive, dann wieder wie Empfindungstypen. Diese Beobachtung veranlaßte mich, die Beziehung zwischen Empfindung und Intuition weniger als einen Gegensatz als vielmehr als Ergänzung anzusehen.

Das ist sicher der Fall, *wenn Empfindungstypen schöpferisch und vor allem künstlerisch tätig werden.* Sie fangen dann an, die äußeren Objekte nicht mehr nur als solche zu empfinden, sondern ihnen darüber hinaus auch einen Ausdrucksgehalt, eine Bedeutung und einen Sinn zu geben (Malen, Töpfern, handwerkliche Schmuckanfertigung usf.). *Bedeutung und Sinn* vermittelt die Intuition, während das pure Empfinden sich mit dem Erleben des Dinges als solchem begnügt. Symbole, Gleichnisse, Bedeutungen sind ihm gleichgültig.

Sehr häufig werden Empfindungstypen zu schöpferischen oder künstlerischen Tätigkeiten gedrängt, nachdem sie wichtige «Objekte» verloren haben, beispielsweise den Partner durch Tod oder Scheidung, Freunde, materielle Güter; aber auch der *fortschreitende Verlust der Jugend* gehört dazu. Die Empfindung ist dann ihres «Besitzes» beraubt, und sie kann nicht mehr wie gewohnt funktionieren, so daß die Intuition gleichsam einspringt und das Ich, in Grenzen zumindest, auffangen kann.

Eine solche Empfindungsfrau mag mit einer Gruppe (oder auch allein) zu einer Quelle «pilgern», die sie umkreisen, lange betrachten und deren Wasser sie zu einer rituellen Waschung behutsam und konzentriert benutzen, vielleicht das Wasser in einer Schale auffangen und es allen Beteiligten zur «Stärkung» (nicht zum Durstlöschen!) anbieten und herumreichen. Hier wird das Objekt «Wasser» nicht mehr bloß «empfunden» und als «schön» und «nützlich» erlebt, sondern es *bedeutet* jetzt etwas. Es wird zum «heiligen» Wasser, zur *aqua vitae* (Lebenswasser), zum Träger göttlicher Energien, es *ist* diese Energie selbst. Die ehrfürchtige Berührung des Wassers bringt Segen. Die Waschung mit ihm befreit von Schuld und bringt heilvolle Genesung. Durch die Segnung mit ihm wird ein anderer Bewußtseinszustand erreicht.

Das Leben hat einen wirklichen Sinn bekommen, während beim puren Empfinden die Sinnfrage, wie schon gesagt, gar nicht gestellt wird. Der empfundene Genuß der Dinge ist für dieses schon der Sinn. Kann es durch schwerwiegende Objektverluste nicht mehr wie bisher funktionieren, ist dieser *empfindungsimmanente Sinn* weg.

Dank der intuitiv erfaßten «Religiosität» und ihrer rituellen Betätigung werden die Dinge selbst religiös. *Die Dingwelt bekommt eine neue Dimension.* Dadurch können auch die Empfindungstypen zusätzlich einen anderen Bezug zur Welt und zu sich selbst erlangen. Sie nennen es «den geistigen Weg» – im Unterschied zum sinnlich-materiellen Weg der Empfindung. Das «Feinstoffliche» wird wichtig, das «Stoffliche», Materielle verliert an Bedeutung.

Geschieht dieser Wechsel behutsam und bedächtig, ziehen die Empfindungstypen daraus großen Gewinn und auch Gesundheit. Geschieht der Wechsel abrupt und/oder wird eine sehr primitive Intuition aktiviert, kann es gefährliche Abstürze geben in eine magische Ur-, Zauber- und Kultwelt, wo die Dämonen, Teufel und Schwarzmagier ihr Reich haben und mit bösen Energien ihr Unwesen treiben, wogegen weitere Abwehr- und Beschwörungsriten vonnöten sind. Psychotische Zustände und Wahnbildungen sind nicht selten, weil eine sehr unterentwickelte Intuition sich mit seelischen Bereichen des Unbewußten in Verbindung setzen kann, die in Urzeiten der Menschheit maßgeblich waren.

Umgekehrt fördert natürlich auch das Unbewußte auf dem Wege über die Intuition die Entwicklung der Empfindung. Aus dem Dunkel soll Licht, aus dem Ahnen und «Wittern» soll klare Gestaltung und Bild werden, das sinnlich empfunden wird. *Auch das innere Bild ist ein Empfindungsobjekt,* wenn es zum Beispiel als Phantasie wahrgenommen wird.

«Oh, da ist ja das Herz!»

Ein sechsjähriges Mädchen – wir nennen es *Rita* – spielt bei schönem Frühjahrswetter im Garten. Die Eltern sind nicht zu Hause, und das Mädchen fühlt sich unbeobachtet. Es entnimmt einem Karton verschieden gefärbtes Plastilin und knetet dieses, wie es scheint gedanken- und ziellos. Dann aber formt es aus brauner Knetmasse eine tellerförmige Platte und legt sie oben auf den einen leeren Kartonboden. Als nächstes formt es aus rotem Plastilin eine plattgedrückte rote Kugel und macht sie in einigem Abstand vom braunen Teller unten auf dem Kartonboden fest. Sodann knetet Rita zwei wurstförmige Gebilde zurecht mit blauer Knetmasse und befestigt sie auf dem Kartonboden beidseitig von der roten Kugel. Schließlich nimmt sie eine größere Menge von gelbem Plastilin, drückt ein wenig daran herum und legt diese eher unförmige Masse unter der roten Kugel auf den Kartonboden. Dann holt sie den Kartondeckel und macht das «Paket» zu.

Nach dieser «Arbeit» geht Rita versonnen weg, streunt ziellos auf dem Gartenweg herum, einmal quer, dann wieder längs, teils vorwärts, teils rückwärts, ergreift kurz einen Ball und wirft ihn wieder weg, schiebt mit dem Fuß einen Gartenschlauch hin und her, kniet dann auf den Boden und tapscht mit den Händen wahllos da und dort auf die Erde. Dabei summt sie vor sich hin.

Nach einer guten Viertelstunde macht sie sich wie nachtwandlerisch oder wie in einer Art Trance zögernd auf den Weg, der zum verschlossenen Karton führt. Sie wirkt jetzt zielgerichteter, jedoch angestrengter, so, als ob sie eine Hemmung auf ihrem Weg überwinden müßte. Sie umkreist das verschlossene Paket, erst von rechts nach links, später von links nach rechts. Sie kniet dann vor dem verschlossenen Karton, öffnet ihn langsam, mit ernst-gespanntem Gesichtsausdruck, und betrachtet den Inhalt. Plötzlich wird sie freudig erregt und zugleich erstaunt. Sie hebt die Arme empor und ruft laut: «Oh, da ist ja das Herz!» Vorsichtig, aber zupackend und wie befreit, nimmt sie die rote Plastilinkugel in die Hände und ruft wiederholt: «Da ist das Herz, da ist das Herz!»

Mancher mag nun denken: «Rita macht da ein ganz raffiniertes Spiel mit Hilfe eines Selbstbetruges. Sie tut so, als ob sie die rote Kugel zum ersten Mal in ihrem Leben sehen würde. Dabei hat sie sie doch selbst vorher in den Karton gelegt. Auch daß die rote Plastilinkugel ein Herz darstellt, hat sie schon vorher gewußt, hatte sie doch bereits den Kopf (braunes, tellerförmiges Gebilde), die Lungen (blaue Würste) und die gelben Därme – Rita hat offenbar gewisse anatomische Kenntnisse – in den Karton gelegt.»

Nun vollbringt Rita zwar ein Art «Spiel», das aber einen bestimmten Ablauf hat, als ob ein Ritual vollzogen würde. Der seelische Zustand ändert sich im Laufe dieses Rituals: Eher «neutral» formt Rita den anatomischen Körper und verschließt den Karton. Eher unruhig, «zerstreut», «kontaktflüchtig» und ungezielt geht sie hin und her. Dann beginnt der «Weg zurück» zum Mittelpunkt des Geschehens: Ernste, tranceartige Gespanntheit, eine Hemmung, die überwunden werden muß, die Umkreisung[9] des noch verhüllten Kartons; das «feierliche» Knien vor der «Enthüllung» dient sicher einer Steigerung der Aufmerksamkeit. Schließlich der *Umschlag,* der *«bursting point»* mit der staunenden Entdeckung des Herzens.

Um einen liebenswürdigen «Selbstbetrug» handelt es sich also sicherlich nicht. Rita weiß auch gar nicht, was sie tut. Sie wird vielmehr angetrieben und gelenkt von einer inneren Kraft. Ihr «Spiel» ist ein Ritus, dessen Ablauf vorgezeichnet ist und der von Rita «instinktiv» befolgt wird. Sein Ergebnis ist eine neue und erlebte Erkenntnis.

Wir haben also ein «Herz» vor seinem Verschluß im Karton und ein Herz nach der Aufdeckung des Pakets. Das erste Herz ist «nur» *gewußt,* das zweite Herz aber ist *empfunden.* Es ist ein ganz anderes Herz als das erste. Sein Anderssein besteht im greifbaren Zuhanden- und Vorhandensein. Rita «hat» jetzt ein konkretes Herz und genießt dieses entdeckte «Objekt» mit bewegender und großer sinnlicher Freude.

Durch den Ritus wird Rita von einem Bewußtseinszustand in den anderen geführt. Allgemein können wir formulieren: *Jeder mit Anteilnahme vollzogene Ritus hat zum Ziel, einen neuen (anderen) Bewußtseinszustand zu erreichen. Riten sind Energietransformatoren, durch welche seelische Energie von einem Zustand in den anderen umgewandelt wird.*

Aus Ahnen soll Empfinden werden

Riten können sowohl bewußt als auch unbewußt vollzogen werden. Rita vollzieht ihren Ritus spielerisch unbewußt. Das Neue wird zwar «geahnt», aber es fehlt eine konkrete Vorstellung. Daher besteht beim Ritus eine gewisse Angst, wie das Neue denn sein wird. Es könnte ja auch eine böse Überraschung eintreten und der neue Zustand gefährlich, unangenehm oder unerträglich sein. Es muß ein gewisser Widerstand überwunden werden, was seinerseits eine verstärkte Aufmerksamkeit und vermehrte Konzentration erheischt. Dadurch wird psychische Energie im Ich angesammelt und auf das zu erwartende Neue (das zu erkennende Objekt) gerichtet.

Wir haben an unserem Beispiel bereits nachvollziehen können, wie das Mädchen auf rituellem Weg zu einem neuen und anderen Bewußtsinszustand gelangte. Es hat vor seinem Ritus das Herz bereits gesehen, aber es hat das Geschehene nicht empfunden, nicht erlebt. *Es wurde also eine qualitativ neu Beziehung geschaffen zwischen Ich und Objekt.* Rita hat nun die Beziehung zum «Herz» durch die Empfindungsfunktion hergestellt, die erst durch den Ritus in Funktion gesetzt wurde.

Vor dem Ritus muß das «Herz» aber bereits in irgendeiner Weise als *Ahnung* wahrgenommen worden sein. Das geschah durch die Intuition. Vor und während dem Ritus war also Ritas Intuition am Werk. Dann fand die *Umschaltung,* der *bursting point* auf die Empfindungsfunktion statt, und Rita nahm ihren Weltausschnitt empfindend wahr.

Die Intuition kennt keine Bilder, aber sie hat ahnend und antizipierend den Drang zum Bild, sie vermittelt ein bildloses Wissen um die Möglichkeit des Bildes.

Die Realwelt als Anlaß für Geschichten

Ein Vater mit der Intuition als Hauptfunktion telefoniert mit seiner 7jährigen Tochter.

«Hallo Iris, hier spricht Papa.»

«Hallo, Papa.»

«Geht's dir gut?»

«Jaa!»

«Gut, eigentlich wollte ich dir etwas Wichtiges mitteilen.»

«Ja was denn?»

«Nun, ich weiß nicht so recht, ob ich es dir schon jetzt sagen soll.»

«Ja nun sag schon.»

«Weißt du, am nächsten Montag gibt es hier ein ganz großes Ereignis.»

«Oh, was geschieht am Montag?»

«Ja, es ist etwas sehr Spannendes und unheimlich Aufregendes.»

«Bitte, bitte, Papa, sag es mir.»

«Ach, ich weiß nicht recht, ob ich schon jetzt mit dir darüber sprechen soll, weißt du, die Überraschung ist dann schon weg.»

«Aber jetzt bin ich doch schon so gespannt darauf, und du mußt es mir jetzt sagen, bitte, bitte.»

«Vielleicht sollte ich doch noch warten, es dir zu sagen, es ist so toll, was am Montag geschehen wird. Das kannst du dir gar nicht vorstellen.»

«Es ist aber gar nicht schön von dir, daß du es mir nicht sagst.»

«Also gut, ich werde es dir sagen. Du mußt mir aber versprechen, es niemandem zu sagen. Du bist die einzige und erste, die davon erfährt.»

«Ich sage es ganz bestimmt niemandem.»
«Ist das auch sicher?»
«Ganz sicher.»
«Gut, ich verlasse mich auf dich. Sitzt du auch gut?»
«Ja, ja, ich sitze, aber jetzt sprich endlich.»
«Also jetzt wirst du es gleich wissen. Hörst du mich auch?»
«Jaa, ich höre.»
«Also, jetzt hör ganz gut zu. Am Montag... werde ich den Kühlschrank auftauen!»

Das ganze aufregende Gespräch dreht sich um den Kühlschrank, der aufgetaut werden soll – ein ziemlich banaler Vorgang, eine alltägliche Sache. Das Auftauereignis wird von Günter benutzt, um eine Geschichte daraus zu machen. Der Kühlschrank wird bedeutend, aufregend, toll. Das Auftauen ist spannend. Es ist so ergreifend, daß man nicht weiß, ob man es überhaupt in Worte fassen kann, und so weltbewegend wichtig und mit einem Anflug des Heiligen behaftet, daß man zögert, es auszusprechen.

Die pure Empfindungsfunktion hätte eine solche «Kühlschrank- und Auftaubeschreibung» auf keinen Fall zustande gebracht, weil für das Empfinden ein Kühlschrank nichts als ein Kühlschrank ist, ein Ding eben, das man besitzt und gebraucht. Auch Günter «gebraucht» ihn, aber eben, um ihm einen sehr großen Wert zukommen zu lassen.

Und so, wie Günter mit den realen Gegenständen umgeht, tun es mehr oder minder alle Intuitiven: Die Realwelt hat nur insofern einen Wert, als sie Anlaß dafür gibt, über sie eine Geschichte zu erzählen (zu erfinden). Sie regt dazu an, sie zu deuten und zu interpretieren oder sie so mit mythischen, fantastischen und metaphorischen Deutungen zu überschwemmen, daß ihnen ein «tiefer» Gehalt und oft auch ein Sinn gleichsam angehaftet wird, den das pure Empfinden beim besten Willen nicht erkennen kann. Der Intuitive ist mit *Goethe* völlig einig: «Alles Vergängliche ist nur ein Gleichnis.»

Der Intuitive wird nicht von den realen Dingen ergriffen, son-

dern von deren Bedeutung, während der Empfindungstyp von den Dingen selbst lebt. Beim Aufgang der Sonne kann der Intuitive die Erneuerung allen Lebens, die Offenbarung überirdischen Glanzes und die Erhabenheit göttlichen Waltens durch die Natur hindurch erleben und in sprachlosem Gebet antworten. Der pure Empfindungstyp hingegen wird erfreut sagen: «Heute ist schönes Wetter!»

Die Intuition erfaßt innere Programme

In Südfrankreich gibt es weltberühmt gewordene prähistorische Höhlenmalereien, die als Wiege der Zivilisation angesehen werden. Die Malereien befinden sich in unterirdischen Höhlen, zu welchen man durch teilweise kilometerlange dunkle Gänge gelangt. Die Bilder (vornehmlich Jagdszenen und «abstrakt» anmutende Tierdarstellungen) sind sehr eindrucksvoll und faszinierend. Sie «ergreifen» den Beschauer.

Man fragt sich, warum unsere Vorfahren das Abenteuer unternommen haben, durch dunkle und furchterregende Gänge tief ins Innere der Erde vorzudringen, um ausgerechnet dort zu malen und bei Fackellicht Bilder zu schaffen, die für das Überleben völlig nutzlos sind. Die gemalten Tiere haben die Menschen schon vorher gesehen und gejagt, und die künstlerische Wiedergabe der Tiere hätte auch mit weniger Mühe außerhalb von Höhlen erfolgen können. Was hat also die damaligen Menschen bewegt, so viel Mühe und Ängste zu überwinden? Sie müssen einem inneren Drang gefolgt sein, dessen Bedeutung ihnen unbewußt war. Sie erlebten auf dem Wege ins Innere gewiß eine dunkle Spannung, die sich am Ziel (der Höhle) schlagartig löste und den kreativen Akt des Malens in Bewegung setzte.

Der Drang zur Höhle entspricht einem *inneren Programm,* dessen Vorgaben gemäß die Menschen eine lange «Begehung» unternahmen, so, als ob dieses Sich-auf-den-Weg-Machen von entscheidender Bedeutung wäre. Das Programm überwindet

Angstwiderstände und gibt dunkel ein Ziel an. Das Ziel ist in dem Moment erreicht, in dem sich im bursting-point, dem Umschlag, die «Entdeckung» des Bildes und seine Bannung auf die Felsenwand in kreativer Tätigkeit vollzieht. Erst jetzt wird der Büffel visuell *erlebt,* während er vor dem Ritual der Begehung nur optisch-physikalisch wahrgenommen und nur intuitiv als «Büffel» bewußt war. Wie bei Rita handelt es sich hier um einen Vorgang der Bewußtseinserweiterung: Intuitiv Gewußtes soll zur Empfindung werden.

Intuitivprogramm und denkerisches Planen

Das intuitiv wahrgenommene Programm ist mit dem klaren Plan des Denkens nicht zu verwechseln. Das Denken hat zwar auch ein Programm, entwirft einen Plan und definiert ein Ziel. Jedoch sind die Ziele und die einzelnen Schritte auf dem Wege zum Ziel klar gegeben. Zum Beispiel bei der Konstruktion eines Hauses: Erstens der Aushub, zweitens der Mauerbau, drittens die Böden, viertens das Dach usf. Der Bau erfolgt logisch und gehorcht dem Gesetz von Grund und Folge, Ursache und Wirkung. Die gelungene Fertigstellung des Hauses bringt zwar Befriedigung, aber kein erstauntes Ausrufen: «Ah, da ist ja das Haus!» Bei der Schaffung des Entwurfes selbst können allerdings sehr wohl intuitive Wahrnehmungen eine mehr oder weniger große Rolle spielen in Form von neuen «Einfällen». Intuition und Denken arbeiten hier teilweise miteinander.

Die Menschen entwickeln, wie schon früher erwähnt, nur sehr selten eine einzige Funktion. *In diesem Buch aber «isoliere» ich zwecks verbesserter Darstellungsmöglichkeit die einzelnen Funktionen voneinander, ähnlich wie der Anatom zum Beispiel das Kreislaufsystem gesondert betrachtet und es von anderen Systemen trennt.*

Die Programmierung erfolgt durch das Unbewußte, denn dieses ist auch ein innerer Computer, in dem differenzierte *Pro-*

gramme gespeichert sind, denen sich das Ich widmen muß und von denen es getragen und bestimmt ist.

C. G. *Jung* hat wohl als erster diese Art von Programmiertheit des menschlichen Daseins erkannt und in seiner *Archetypenlehre* allgemein dargestellt. *Die Archetypen sind die unanschaulichen Anordner jeden seelischen Geschehens,* das heißt, sie bestimmen, *wie* das menschliche Leben sich praktisch vollzieht, sei es in den großen geschichtlichen Ereignissen, sei es im individuellen Einzeldasein. Dabei hat das Ich auf Dauer kaum eine Chance, sich diesen «Anordnern» zu widersetzen. Es genügt, Zwangskranke zu beobachten, um zu merken, wie zwingend (insbesondere nicht anerkannte) Lebensprogramme sind.

Aufgrund dieser Überlegenheit der Anordner über das Ich werden sie auch als «göttlich» und «machtvoll» erlebt. Ein Mensch, der zum Beispiel seinen Schöpferdrang spürt, kann sich diesem, ohne Schaden zu erleiden, nicht entziehen. Er muß den ihm vorgezeichneten Weg gehen. Das Abweichen führt in Krankheit und Verderben, das Erkennen dieses Weges und seine bewußte «Begehung» führt zum Heil und zur Erfüllung. Der Mensch führt dann ein «gottergebenes» Leben.

Der Intuitive, dessen enge Verbindung mit dem Unbewußten schon aufgezeigt wurde, steht mit dem inneren Computer in unmittelbarer Beziehung. Das heißt, am Intuitionstyp kommt die Programmierung besonders stark zur Geltung. Der Empfindungstyp unterliegt natürlich auch bestimmten archetypischen Bestimmungen und Programmen (er muß zum Beispiel ständig etwas zum «Empfinden» haben oder/und Gewohnheiten folgen), aber die Programme wirken nicht so direkt wie beim Intuitionstyp. Vor allem sind sie anders gestaltet, sowohl vom Inhalt als auch der Form her. Ein Beispiel soll typische Paarkonflikte, die sich daraus ergeben, veranschaulichen.

Gert ist ein Intuitiver. Er muß eine Vortragsserie vorbereiten, wozu ein umfangreiches Literaturstudium notwendig ist. Er muß sich also «fortbilden» und ein neues Werk schaffen. Das ist sein *Programm,* welches sein jetziges Leben bestimmt. Er *muß* sich dem Lern- und Schöpferprozeß zur Verfügung stellen und ihm seine ganze Kraft widmen, soll das Werk gelingen. Das schirmt ihn gegen alle sonstigen Interessen und vor Beeinflussungen von außen ab, engt ihn aber auch ein. Auf Außenstehende wirkt er *abwesend* und *rücksichtslos,* weil er deren Belange nicht mehr respektiert und diese darunter leiden.

Gerts Frau *Claudia* ist als Empfindungsfrau gut auf ihn eingestellt, solange sie ihn als zu sich gehörig empfinden kann. Jetzt aber befindet sich Gert hinsichtlich ihrer Beziehung auf einer «Einbahnstraße»: Sie gibt ihm ihr Empfinden und Gefühl, er aber ist seelisch nicht bei ihr. Wenn er sich für sie Zeit nimmt, ist er frustriert, weil er nicht seinem Programm gemäß arbeiten kann. Claudia versteht ihren Mann zwar, spürt aber, daß er es jetzt auf die Spitze treibt und sie viel zu kurz kommt:

Claudia: «Du solltest deine Arbeit einmal unterbrechen. Das tut dir nicht gut. Du verrennst dich noch.»

Gert: «Ich muß die Vorträge aber bis Ende des Monats fertig haben. Deshalb gestattet die Arbeit keinen Aufschub.»

Claudia: «Das erschöpft dich aber zu sehr.»

Gert: «Nein, ich bin zufrieden, wenn es dem Ende zugeht und das Werk fertig ist.»

Claudia formuliert, was sie so sehr bedrückt: «Du merkst gar nicht, daß ich noch da bin! Ich habe das Bedürfnis, mit dir zusammenzusein, ich möchte, daß du auch an mir Anteil nimmst und meine Interessen teilst. Ich möchte gerne mit dir spazierengehen, Tee trinken und mit dir plaudern. Ich weiß ja, deine Vorträge sind wichtig, und sie interessieren mich auch.» (In diesem Moment allerdings nicht!) «Ich verlange gar nicht so viel. Nur solltest du einmal ein paar Stunden unterbrechen und dich mir zuwenden.»

Gert merkt, daß er Claudia gegenüber rücksichtslos ist – beziehungsweise das Programm (Programme sehen nicht rechts noch links), mit dem er identifiziert ist. Er spürt aber auch, wie sehr ihn Claudia verletzt, weil sie die Identifizierung mit seinem Programm wenigstens vorübergehend aufheben möchte. Er kommt sich vor wie ein Spitzenstürmer, der kurz vor dem Ziel davon abgehalten wird, die Bergspitze zu erreichen. Diese Behinderung macht ihn wütend. Das verstärkt aber sein schlechtes Gewissen. Er trinkt jetzt mit Claudia Tee und verspricht einen Spaziergang. Sie weiß nicht, wieviel Kraft es ihn kostet, seine Wut zu bekämpfen. Würde er sie herauslassen, wäre er ja noch rücksichtsloser!

Claudia (mit Tränen in den Augen): «Du weißt gar nicht, wie einsam ich mich fühle.» Gert kann nichts entgegnen, da die Unterdrückung der Wut viel Energie verbraucht und er der Erschöpfung nahe ist. Zudem kann er Claudia nicht erklären, daß er ein neues Programm «einschalten» muß, in welchem Claudia und ihre Bedürfnisse mitenthalten sind. Dafür aber benötigte er Zeit und zusätzliche Kraft. Beides hat er nicht, und so schweigt er. Claudia aber fühlt sich genauso allein und unverstanden wie vorher; er fühlt sich ebenso unverstanden.

Wäre es Gert bewußter gewesen, daß er mit einem Programm identifiziert ist und daß er Zeit braucht, um es beiseite zu legen und das «Claudia-Programm» einzuschalten, hätte er das mitteilen können. Dann wäre es für sie leichter gewesen, ihren «Egoismus» hintanzustellen. Andererseits hätte Gert ein «übergeordnetes Programm» entwickeln können, in welchem «Arbeitsprogramm» und «Claudiaprogramm» Platz gefunden hätten. Oder aber es hätten vorher (denkerische) Absprachen stattfinden müssen. Dann hätte Claudia ihre Empfindungsbedürfnisse anderweitig befriedigen können, bis Gert am Ziel gewesen wäre.

Die besten Lösungen ergeben sich, wenn der Intuitionstyp möglichst viele Programme zur Verfügung hat, wie auch der Empfindungstyp dann am besten gestellt ist, wenn er über viele Objekte verfügt, die er empfinden kann. Indem beide Partner ihr «typenspezifisches Repertoire» erweitern, werden sie flexibler und vermögen besser auf den Partner einzugehen.

Die erregende Entdeckung der eigenen Intuition und ihre Beschreibung

Maria, eine Intuitionsfrau, die dabei ist, ihre eigene Hauptfunktion (eben die Intuition) durch Selbstbeobachtung zu entdecken, schreibt mir: «Meine (bisherige) Ansicht, Gefühl und Intuition treten gleichzeitig und stets gemeinsam auf, ist ... ein Trugschluß. Die Intuition ist die erste und vor allem die schnellste Funktion. Während alle anderen Funktionen noch schlafen, ist die Intuition schon hellwach. Die Intuition ist der *Strudel, der immer gegenwärtig ist* (Sperrung von mir), *nicht sichtbar, unterirdisch, ein Sog, der magisch, fesselnd und faszinierend ist* ... Der Intuitive sagt also: ‹Es treibt mich.› Dabei kann er noch froh sein, wenn er überhaupt merkt, daß es ihn treibt ... Die Intuition ist der lokkende Zeigefinger. *Sie entspringt direkt dem Unbewußten.* Das Unbewußte kommt vor dem Bewußten. Die reine *Urintuition* ist pfeilschnell, geräuschlos, revolutionär, risikobereit, spontan, egoistisch, unersättlich, erfinderisch, gierig, gesetzlos, maßlos, verführerisch, lebensgefährlich, vorwärts gerichtet, aktiv, triebhaft ... wild, originell, abenteuerlich, unberechenbar. Recht oder Unrecht, Gut oder Böse, Richtig oder Falsch interessiert sie nicht. Sie ist die Hauptquelle des Schöpferischen ... Die Intuition ist anfangs nicht spürbar, schon gar nicht denkbar.»

Maria ist seit einigen Jahren in Behandlung bei mir. Ich hatte sie ursprünglich als Fühlfrau eingestuft, dann aber aufgrund ihres Lebenslaufes gemerkt, daß die verdrängte Intuition ihre tragende Säule ist. Da ich mich zu der Zeit selbst mit der Intuition beschäftigte, muß Maria intuitiv meine Auffassung erspürt haben. Das Wesentliche der Intuition wurde ihr bewußt, und sie schrieb ihre Erkenntnisse auf. Es ist erstaunlich, wie sie auf dem Wege der Selbsterkenntnis sehr viele entscheidende Charakteristika der Intuition scharf erfaßte. Dabei brachte sie diese Erkenntnis in moralische Konflikte, weil ihr Fühlen einige ihrer intuitionsbedingten Handlungen verurteilen mußte, insofern ihr bewußt wurde, daß die Intuition sich um «Recht oder Unrecht, Gut oder Böse, Richtig oder Falsch» eben nicht kümmert. Maria merkte weiter, daß das rationale Urteil ihres Fühlens nicht ausreichte, um den «Strudel» der Intuition in Grenzen zu halten. Sie schreibt: «Intuition und Gefühl bekämpfen sich ab dem Zeitpunkt des Zusammenpralls. ... wenn sie sich nicht einigen können, bedürfen sie eines Schiedsrichters. Dieser Schiedsrichter ist das Denken, weil nur das Denken sagen kann, was ‹richtig (wahr) oder falsch› ist.»

Auch die Entwicklung der Nebenfunktion kann konflikthaft sein

C. G. *Jung* ist der Auffassung, die Entwicklung der einen oder anderen Nebenfunktion könne ohne besondere Schwierigkeiten erfolgen. Er schrieb, daß zum Beispiel für einen Intuitiven das Denken oder Fühlen, weil auf einer anderen Achse gelagert, nur anders, aber kein Gegensatz sei. Dieser Auffassung kann ich nicht ohne weiteres zustimmen. Viele Erfahrungen – unter anderem auch das Beispiel Maria – zeigen nämlich, daß Intuitive große Mühe haben können, die Fühlfunktion zu entwickeln, weil sie unter Umständen nicht nur anders, sondern auch klar gegensätzlich ist. Die Fühlfunktion fällt eindeutige Werturteile und ist die eigentliche Schöpferin der Moral. Ein reiner Intuitiver kann gleichzeitig mehrere Geliebte haben. Aber die Fühlfunktion sagt klar: «Das ist nicht gut und schon gar nicht sympathisch.» Diesem Urteil unterwirft sich die Intuition nicht widerspruchslos. Für die Intuition ist ein heiliger Krieg eine hochreligiöse und von Gott zu unserem Heil gewollte Angelegenheit. Für die Fühlfunktion ist der Krieg aber böse, und sei er noch so «gerecht».

Aber auch die Einbindung des Denkens erfolgt bei Intuitiven nicht unbedingt störungsfrei. Wenn zum Beispiel ein Intuitiver davon überzeugt ist, daß kalte Rohkost das Heil bedeutet oder der Weltuntergang unmittelbar vor der Tür steht, wird er jede denkerische Bearbeitung und Relativierung seiner Glaubenssätze ablehnen. Weil die sogenannten «Nebenfunktionen» (also diejenigen, die auf der jeweils anderen Achse der Hauptfunktion liegen) dem Drängen der Hauptfunktion – hier der Intuition – hoffnungslos unterlegen sind und diese sich durch den häufigen Zustand der Unvernunft und Gefühllosigkeit auszeichnet, kann man obige These C. G. *Jungs* wohl kaum noch prinzipiell aufrechterhalten. Hinsichtlich der Empfindung und der Intuition könnte man sogar sagen, daß sie sich untereinander oft weniger gegensätzlich verhalten als die Relation Intuition – Fühlen oder Intuition – Denken.

Die Tätigkeit der Intuition als Transformator. Die Intuitionstypen sind nicht einheitlich

Die meines Erachtens zentralste Aufgabe der Intuition ist die *transformatorische.* Wir haben gesehen, wie sie darauf hinarbeitet, daß *aus Geahntem und Gespürtem etwas Empfundenes,* etwas Sichtbares und Hörbares, den Sinnen Zugängliches *wird.* Erst mit den Sinnen und dem Empfinden wird die Welt mit ihren unermeßlich vielen Dingen erlebbar und deren Pracht und Schönheit als solche bewußt.

Im Auftauchen des inneren Bildes, an dem Intuition und Empfindung gleichermaßen beteiligt sind, können wir die (beginnende) Bewußtwerdung beider beobachten. Hier sehen wir, daß der zentrale Macht- und Gotteskomplex in erster Linie eine schöpferische Tätigkeit betreibt. Von daher rührt auch unsere Auffassung, Gott sei lebendig, mächtig und ein Schöpfergott, der sich durch Offenbarungen, «Eingebungen», «Inspirationen» (Einfällen) kundtut. Er «erscheint» auch in vielerlei Gestalt (kann empfunden werden!), weshalb man sein Wirken in jedem Stäubchen sehen kann.

Weil die Intuition direkt mit dem Gotteskomplex (Unbewußten) in Verbindung steht, nimmt sie grundsätzlich eine große Vielfalt wahr. *Daher sind die Intuitionstypen nicht einheitlich*. Da nie alle Aspekte zugleich realisiert werden können, setzt sich das eine Mal der eine, dann wieder der andere durch. Außerdem hat jedes Individuum seine Besonderheiten und Einzigartigkeiten. Einer der typischen Aspekte ist aber immer erkennbar: Das Religiöse im weitesten Sinn und auf allen Ebenen (z. B. Esoterik), die Sinnsuche, die Meditation, Tanz oder/und Sport, Begeisterungsfähigkeit. Künstlerisches Schaffen, Kreativität überhaupt. Die Intuition entdeckt die Fantasien, Träume und das Wachträumen, nimmt Programme wahr und verwirklicht sie.

Intuition und Empfinden als basilare Grundfunktionen

Empfinden und Intuition sind – wie schon erwähnt – eher Gegenstücke als Gegensätze. Beide Typen haben grundsätzlich die Möglichkeit, wenigstens Teile der Gegenfunktion zu kultivieren. Es kann Empfindungsfrauen gelingen, sich zum Beispiel mit Esoterik zu beschäftigen oder nach «Energien» zu suchen, um neue Dimensionen des Empfindens zu verwirklichen. Oder sie lernen es, auf Einfälle zu achten und sie – neben dem Wahrnehmen der Empfindungen – auch zu interpretieren. Daher ist es nicht immer leicht, auf den ersten Blick zu erfassen, welcher Typus vorliegt, bzw. welches die Hauptfunktion ist. Umgekehrt ist es möglich, daß Intuitionsmänner zu einer verbesserten Empfindung gelangen und versuchen, nicht nur ihre Macht zu genießen, sondern auch die Dinge zu empfinden, zum Beispiel eine gute Mahlzeit auch zu kosten, statt das Essen nur hinunterzuschlingen, oder die körperlichen Empfindungen zu fördern oder die ästhetischen Genüsse zu pflegen. Nie aber sollte die Hauptfunktion als solche aufgegeben werden – was beim Intuitiven ohnehin kaum möglich ist.

Die Intuition (als älteste Funktion) und die Empfindung (als zweitälteste Funktion) sind im menschlichen Dasein *basilare*

Grundfunktionen[10]. Die irrationalen Typen werden von einer überwiegenden Mehrzahl der Menschen vertreten. Die Typen auf der rationalen Achse (Denktyp – Fühltyp) befinden sich weltweit deutlich in der Minderheit. Das sind persönliche Erfahrungswerte. Irgendwelche Statistiken liegen ja nicht vor. Wegen der besonderen Beziehung zwischen Empfinden und Intuition und der Möglichkeit, daß der Empfindungstyp seine Sensationen auch deuten, der Intuitive seine Ideen «nachempfinden» kann, besteht bei diesen Typen eine geringere Tendenz, die eine oder andere rationale Funktion als zweites Standbein zu entwickeln, als bei den Typen auf der rationalen Achse, eine irrationale Funktion zusätzlich zu differenzieren.

Über die Verbindung von irrationalen mit rationalen Funktionen und entsprechende Paarbeziehungen

Unter normalen Umständen besteht aber eine Tendenz, ein «zweites Standbein» zu entwickeln. Für den Intuitiven ist die Entwicklung des Denkens tatsächlich wichtig, will er nicht seinen gelegentlich chaotischen Einfällen, Interpretationen und seiner Ideenbesessenheit und deren Täuschungen erliegen. Um zu wissen, ob eine Deutung auch wahr (und nicht nur überzeugend!) ist, bedarf es dringend der Denkkontrolle. Das Denken allerdings wirkt sehr ernüchternd. Die Wahrheit ist nicht so ergreifend wie das Erlebnis des großen Heiles.

Für den Empfindungstyp kann es nur heilsam sein, wenn seinem eher «egoistischen» und «kalten» Empfinden sich ein wärmendes Fühlen beimischt und er merken lernt, ob sein Empfinden auch gut ist. Erfahrungsgemäß besteht bei Paarbeziehungen die Tendenz, daß *intuitive Männer* am häufigsten die *Denkfunktion,* die *Empfindungsfrauen* aber die *Fühlfunktion* mitentwickeln. Fig. 1 in Abb. 2 zeigt eine grafische Darstellung. Etwas weniger häufig finden wir vor: *Intuitionsfrauen* mit gut entwickelter *Fühlfunktion, Empfindungsmänner* mit der *Denkfunktion* als zwei-

Abb. 2

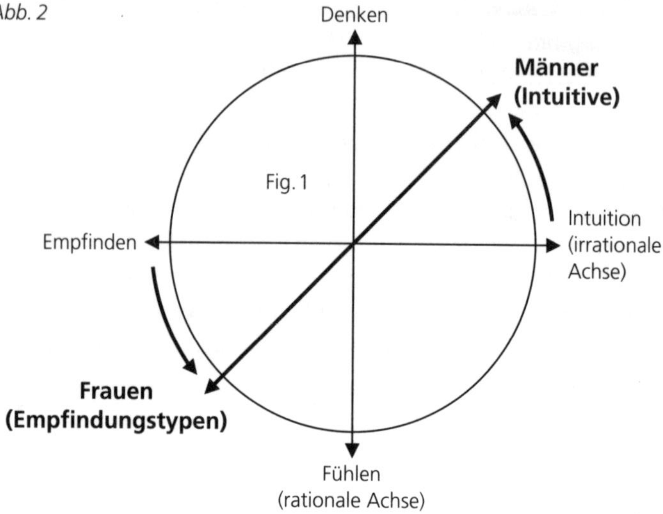

Häufigste Typenkonstellation

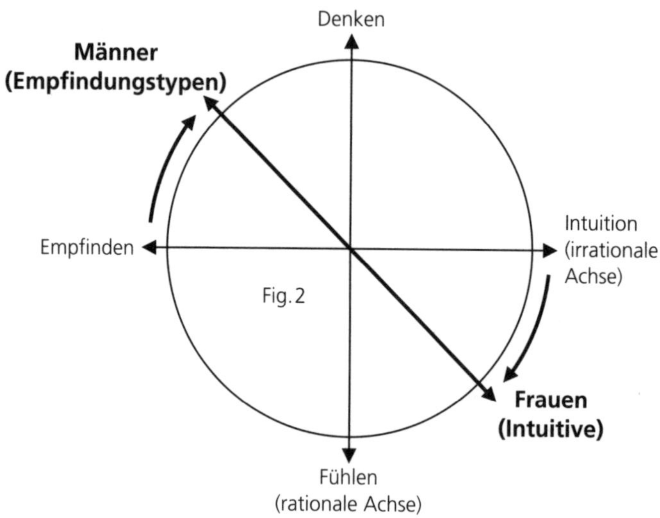

Zweithäufigste Typenkonstellation

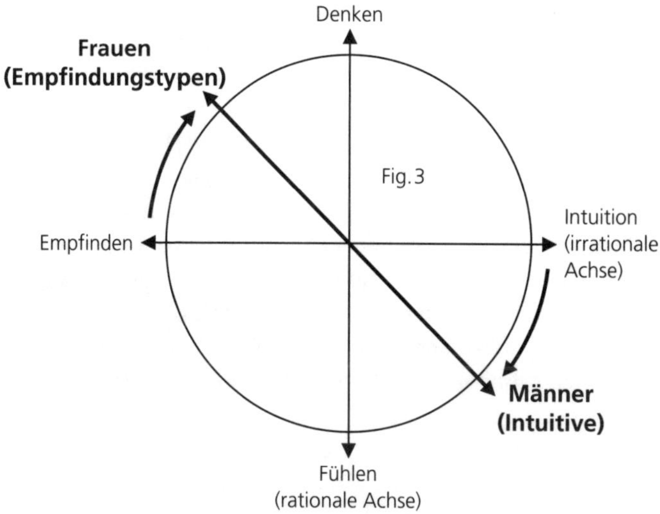

Dritthäufigste Typenkonstellation

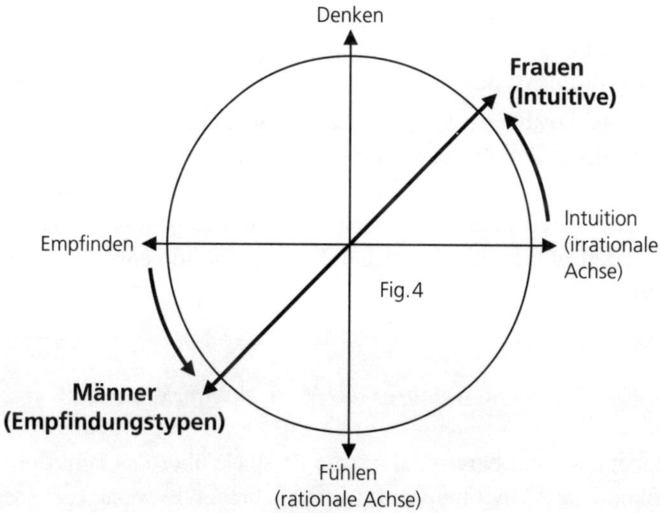

Seltene Typenkonstellation

tem Standbein (vgl. Fig. 2 in Abb. 2). Noch etwas weniger beobachten wir, daß *Empfindungsfrauen* auch die *Denkfunktion, Intuitionsmänner* auch die *Fühlfunktion* mitentwickeln (vgl. Abb. 2, Fig. 3). Eher selten finden wir die Mitentwicklung der *Fühlfunktion* bei *Empfindungsmännern* und die der *Denkfunktion* bei *Intuitionsfrauen* (vgl. Abb. 2, Fig. 4).

Eine weitere glückliche Verbindung (auf deren grafische Darstellung ich hier verzichte) entsteht, wenn sowohl Empfindungsmann wie auch die Intuitionsfrau (beziehungsweise Empfindungsfrau und Intuitionsmann) die Fühlfunktion entwickeln. Das gibt sehr warmherzige und den Werten verpflichtete Paarbeziehungen. Ebenfalls recht günstig sind diejenigen, die durch zusätzliche Entwicklung der Denkfunktion sowohl des Empfindungstyps als auch des Intuitionstyps in der Paarbeziehung zustandekommen. Diese sind zwar etwas kühl und auch distanziert, wirken aber oft recht lebendig durch das geistige Niveau. Solche Paarverbindungen sind aber selten.

Ich schätze, daß nur rund 20 bis 25 Prozent aller Menschen in den entwickelten Ländern von vornherein die rationalen Typen entwickelt haben, dagegen rund 75 bis 80 Prozent die irrationalen Funktionen. Von diesen dürfte die Häufigkeit der Mischtypen in absteigender Richtung von Fig. 1 bis Fig. 4 laufen. Um Genaueres darüber zu wissen, wäre es notwendig, psychologische Tests auszuführen, um die Typen besser und auch dann eindeutiger erfassen zu können, wenn ein Mensch aufgrund kindlicher Schädigungen in eine ihm nicht gemäße Hauptfunktion hineingedrängt wurde. Einige solcher Tests sind schon entwickelt worden.

Die Gefahren des Machtkomplexes

Wir haben nun bereits zahlreiche Beispiele über das Funktionieren und die Aktivitäten der Intuition gebracht. Es ist zugegebenermaßen nicht ganz einfach, diese Funktion zu verstehen, und ich möchte hier noch auf die problematische Seite des Machtkomplexes näher eingehen.

Intuitionstypen wollen unbedingt gewinnen und sind schlechte Verlierer. Die Leistung auf allen nur möglichen Gebieten ist ihnen wichtig. Um ihre Leistungsfähigkeit zu erhalten oder zu steigern, haben sie eine gewisse Tendenz, Hilfsmittel einzusetzen, welche ihrer Meinung nach die Leistung fördern. Sie suchen zudem das Rauscherleben und neigen daher zu übermäßigem Konsum von Alkohol, Haschisch, Marihuana oder Psychopharmaka aller Art bis hin zu den harten Drogen. Für sie ist entscheidend, sich mächtig, kräftig und erfolgreich zu fühlen. Die Steigerung des Lebensgefühls durch Macht (auch über andere) und Kraft steht im Zentrum ihres Daseins. Ihre Energie beziehen sie direkt aus dem Machtkomplex des Unbewußten, wie sie überhaupt zum Unbewußten in einer direkten und unmittelbaren Beziehung stehen. Sie lieben es auch, diese Macht zu demonstrieren, und verwickeln sich sehr leicht in Machtkämpfe. Offene und versteckte Rivalenkämpfe scheuen sie nicht.

In den Paarbeziehungen kommt es sehr häufig auch zu handgreiflichen Machtkämpfen. Intuitive ordnen sich schlecht und manchmal nur zum Schein unter, denn sie wollen souverän und «frei» bleiben. Beschneidungen ihrer Machtposition nehmen sie nur sehr schwer hin und nur solange, als sie sich davon einen Vorteil erhoffen. Sie lassen sich nur ungern Vorschriften machen, während sie gewohnt sind, solche anderen aufzudrängen. Wer an ihrem «Thron» rüttelt, wird oft als «Unterdrücker» gebrandmarkt.

Intuitive täuschen sich sehr leicht. Sie sind aber umgekehrt auch geneigt, andere zu täuschen. Gesetze respektieren sie vorwiegend aus Opportunität. Um ihre Macht auszuweiten oder/und um überhaupt zur Macht zu gelangen, sind ihnen sowohl legale als auch illegale Täuschungen recht. Zumindest der Tendenz nach setzen sie nicht ungern Täuschungsmittel ein: Lügen, etwas Vormachen, «Einwickeln» bis hin zum offenen Betrug ist ihnen nicht fremd. Es sind die Intuitionstypen, welche «Lug und Trug» fördern.[11] Ihre Rücksichtslosigkeit findet nur dort Grenzen, wo sie ihnen persönlich schadet. Dann werden sie zum «Wolf im Schafspelz». Sie geben dann vor, «friedlich» zu sein und kein Wässerchen trüben zu wollen, und sie tun es auch nicht, solange es ihnen vorteilhaft erscheint. Sie werden dann zu perfekten «Ehrenmännern».

Ihre Kraft schöpfen sie aus Ideen (der Macht) und von Vorbildern, die ihnen die Geschichte liefert. Zum Beispiel sind sie dann offene oder versteckte Anhänger Hitlers, obwohl sie von seinem persönlichen Leben oder von der Zeitgeschichte so gut wie keine Ahnung haben. Er ist lediglich ein «Bild» der eigenen Machtansprüche, und die kriminellen Tendenzen sind dann sehr groß. Sie peinigen Ausländer oder Juden oder sonstige Minderheiten und all das, was schwach ist. Je jünger und unreifer diese Intuitionstypen sind, um so wichtiger ist ihnen ein Feindbild.

Würde jeder einzelne auch die trügerischen Machenschaften der Intuition und deren Hintergrund (Macht- und Gotteskomplex) *durchschauen,* dann wären all die Katastrophen, die durch Heils- und Erlösungslehren samt missionarischer Weltverbesserung geschehen sind (und geschehen), nicht mehr möglich. Davon sind wir aber noch weit entfernt. Wie soll ein Skinhead merken, daß er seinem Macht- und Gotteskomplex zum Opfer gefallen ist, wo er doch gar nicht denken und fühlen kann (oder will)? Menschen, die nur mit der Intuition – und dann auch noch mit einer schlecht entwickelten – leben, gehören zu einer besonderen Kategorie – der geistig Armen –, zumindest in unseren Breiten. Sie leben, im Rahmen unserer Typologie gesehen, ausschließlich auf der irrationalen Achse, während die zur vertikalen Achse gehörenden Funktionen des Fühlens und Denkens völlig unterentwickelt sind. Daher sind sie unfähig, ethisch-moralische Fühlurteile zu fällen. Solche Menschen fielen früher unter die Kategorie der sogenannten «gemütlosen Psychopathen». Sie leben von Faszinationen, also von Projektionen, die vom Macht- und Gotteskomplex ausgehen.

Die Intuition als Vermittlerin von Macht nimmt *sehr häufig die Sexualität völlig in ihren Dienst,* nicht nur bei männlichen Intuitionstypen. Da aber bei Männern der Triebcharakter der Sexualität stärker ausgeprägt ist, sind die Triebtäter Männer. Zu eigentlich kriminellen Handlungen gelangt aber nur eine Minderheit. Diese braucht Kinder oder Frauen, um ihren Macht-Sex (oder ihre Sex-Macht) auszuleben. Frauen und Kinder sind weitgehend schwächer als sie und vermitteln den Tätern einen besonderen sexuellen Machtrausch im Vollzug der Sexualhandlung. Der Verdrängungsprozeß kann so weit gehen, daß sie selbst zuletzt davon überzeugt sind, nie Sexualdelikte begangen zu haben. *Die Unbewußtheit ihrer eigenen Intuition verführt zu den Taten* und gestattet später deren Leugnung und totale Abspaltung. Die Differenzierung der Intuition ist nicht gelungen. Triebtäter sind selbst in der Regel mißhandelte Kinder gewesen.

Es gibt natürlich auch *indirekte Triebtäter,* die sich in den Kreisen befinden, welche mit Minderjährigen oder jungen Frauen Handel treiben. Wehrlose und Bedürftige auszunützen, zu demütigen und zu betrügen und damit Geld zu verdienen, stärkt deren Lebensgefühl und erotisiert sie. Die Anhäufung großer Vermögen mittels Ausbeutung Schwacher, Hilfloser und Elender vermittelt auch einen Machtrausch sondergleichen, der sich durch die Vertuschung der Machenschaften noch steigert. Die Fühlfunktion dieser Leute ist völlig unterentwickelt, da sie ihr Tun verurteilen würde. Das gilt nicht unbedingt von der Denkfunktion, weil diese auch nicht wertet.[12]

Allgemein kann man sagen, daß es in erster Linie die Fühlfunktion ist, welche in der Lage sein kann, die Brutalitäten der primitiven Intuition (oder auch die «Kälte» der puren Empfindung) wenigstens abzumildern oder doch Grenzen zu setzen.

Auch bei der religiösen Betätigung finden wir sehr primitive Stufen, etwa bei kultischen Opfer- und Blutriten, die auf kannibalistische Opferhandlungen zurückgehen, den «heiligen» Kriegen, geschichtlich bei der Inquisition und den Hexenverbrennungen. Selbst die Kreuzigung Christi hat einen grausamen Aspekt.

Der Intuitionstyp kommt also auf jeden Fall nicht darum herum, sich mit seinem Machtkomplex auseinanderzusetzen und ihn so weit durch Erkenntnis, Einsicht, Entwicklung des Denkens oder Fühlens oder beider einzuschränken, zu modifizieren oder zu sublimieren, bis er zu dem wird, was er eigentlich und bei guter Einstellung ist: Eine Kraft- und Energiequelle, dank der wir uns körperlich und/oder geistig und/oder künstlerisch bewegen. Der Machtkomplex kann also sowohl zu Kriminalität als auch zu höchster geistiger Betätigung führen. Dementsprechend unterscheiden wir einen primitiven und einen hochentwickelten Intuitionstyp.

Da durch die Intuition Einfälle, Ideen und deren Sinn wahrgenommen werden, sind die Intuitiven nicht nur Unternehmer, Reformer, Erneuerer und Künstler, sondern auch geistige Führer, Erfinder, Forscher, Entdecker und Neugründer, wodurch sie auch zu Arbeitsbeschaffern, Helfern und Sinnstiftern werden. Durch die Intuition wird das erfaßt, was wir Geist nennen. Da die Intuition das Mögliche erahnt, verändern die Intuitiven ständig die Welt; ein klein wenig und – wie ich glaube – mehr zum Guten als zum Bösen hin. Für sie gibt es keinen Stillstand. All das wäre nicht möglich ohne den Energiezufluß aus dem Machtkomplex, unserer inneren Energiezentrale. Ihr verdanken die Intuitiven auch ihre Überzeugtheit.

Die Intuition als Vermittlerin von Tätigkeiten des Unbewußten

Ritus, Ritual und Spiel als intuitive Tätigkeiten

Am Beispiel von Rita und ihrem Herz haben wir beobachten können, wie das Unbewußte aktiv werden kann. Rita vollführt eine Serie von Handlungen, die nicht vom Willen Ritas ausgehen. Rita (das Ich Ritas) steht vielmehr im Dienst eines inneren Antriebes, welcher zu einer rituellen Handlung führt, deren Ziel die Bewußtseinserweiterung ist. Vom *energetischen Standpunkt* aus können wir sagen, daß ein Stück seelischer Energie, die zunächst unbewußt war, in eine bewußte Energie übergeführt wird.

Ritus und Ritual (Teilausschnitt des Ritus) sind sehr *wichtige Formen,* durch die Energie sichtbar und erlebbar wird. Bei Rita können wir einen winzigen Teilausschnitt der Entwicklung des Bewußtseins beobachten. Es ist das Unbewußte, welches die Entwicklung vorantreibt und im Falle Ritas das Ich veranlaßt, sich rituellen Antrieben zur Verfügung zu stellen. Rita hat diesen inneren Drang wahrgenommen und ist seiner Einladung gefolgt, das heißt, sie hat sich dem Unbewußten positiv zugewendet. Die Wahrnehmung der «Einladung» erfolgt durch Intuition.[13]

Die «Einladung» des Unbewußten, der «Drang», ein Ritual zu vollziehen, ist wirksam, weil das Ich Ritas vom unbewußten Inhalt angezogen wird. Diese Anziehung nennen wir *Faszination. Diese ist eine wichtige Art der Beziehung zwischen dem Ich und dem Unbewußten,* die dann geschieht, wenn das Unbewußte aktiv wird. Sie kann leicht (energiearm), wie spielerisch und erfreulich sein. Sie kann sich aber auch als überwältigend, unwiderstehlich, ja verschlingend manifestieren. Sie kann so aufdringlich und zwingend werden, daß das Ich ihm folgen muß.

Es handelt sich dann um Zwänge, die in schwereren Fällen zur *Zwangskrankheit* führen, bei welcher das Ich ausschließlich damit beschäftigt ist, teils widerwillig, teils willig den Zwängen zu folgen und von früh bis spät Zeremonien zu vollziehen, die absurd und völlig unvernünftig sind und das Leben des Befallenen ruinieren. Der Ritus als Erkenntnisvermittler ist sozusagen degeneriert zum Zwang, den man als «verzweifelten Ritus» bezeichnen könnte. Dies hängt damit zusammen, daß der Ritus nicht nur der Erkenntnis des Guten, sondern ebenso der Erkenntnis des Bösen dienen kann. Insbesondere gegen letzteres wehrt sich das Ich und will es nicht wahrnehmen, weil es weh tut. Doch je mehr diese Erkenntnis abgewehrt wird, um so gewalttätiger drängt sie sich auf. Dann ist das Ich zum Sklaven des Unbewußten geworden. Es ist der unwiderstehlichen Faszination erlegen.[14] Eine solche Beziehung zwischen Ich und Unbewußtem ist sehr unglücklich, weil das Unbewußte dominiert und dem Ich die Freiheit raubt. Dieses muß der verzweifelt bekämpften und abgewehrten bösen Sache dienen, weil die Unterdrückung des Zwangs zu schwersten und unerträglichsten Ängsten führt.

Das Beispiel Rita zeigt eine Beziehungsaufnahme, die vom Unbewußten ausgeht. Nun kann aber die Beziehungsaufnahme auch vom Ich ausgehen. Das geschieht dann, wenn dieses einen Mangel spürt. Es fühlt sich kraftlos, erschöpft, depressiv. Das Leben erscheint sinnlos oder leer, stockend, bedrückend, lustlos, irgendwie verarmt und mühsam, kurz, es fehlt die echte Lebenskraft und Lebensfreude.

Die Beziehungsaufnahme zum Unbewußten durch das Ich kann aber auch dann erfolgen, wenn es vor besonderen Aufgaben steht, für deren Bewältigung es sich nicht stark genug fühlt. Es benötigt eine Hilfe, eine Vorbereitung und eine zusätzliche Kraft, die ihm nur durch das Unbewußte zuteil werden kann. Dasselbe kann geschehen, wenn das Ich weiß, daß ihm ein ständiger oder periodisch wiederholter Kontakt mit dem Unbewußten einfach guttut und Lebenskraft und Lebensfreude unterhält oder steigert. Ein solches Wissen ist von unschätzbarem Wert, weil es der Gesunderhaltung und der Pflege der Seele dient und psychischen Erkrankungen oder Krisen vorbeugt. Dazu ein Beispiel.

Der Tanz als Ritus

Anne geht in einen Tanzkurs, an dem nur Frauen beteiligt sind. Sie darf wählen, was sie durch den Tanz darstellen will. Ihr fällt ein, zuerst «die Nacht» zu tanzen, dann «den Tag». Um das vollbringen zu können, muß sie intuitiv das Wesen «Nacht» und das Wesen «Tag» wahrnehmen. Dieses Wesen ist in der konkreten Nacht und im konkreten Tag nicht wahrnehmbar. Man sieht zwar, wenn es Tag oder Nacht ist, aber was das «eigentlich» und «im Kern» ist, kann man nicht sehen.

Anne «ahnt», was «Nacht» ist. Sie «brütet» darüber, bis sich dieser Inhalt in Bewegung, in die tänzerische Form umwandeln läßt, bis das «Wesen Nacht» in ihren Körper gleichsam eindringt und den Bewegungsablauf und die Bewegungsformen bestimmt. Schließlich tanzt sie «die Nacht», was einem Ritus gleichkommt. Durch den Tanz kann sie die Nacht «empfinden». Jetzt erst «weiß» sie, was «Nacht» ist und was sie bedeutet.

Die anderen Kursteilnehmerinnen lassen sich von der Vortänzerin «inspirieren». Annes Tanz fasziniert sie. Sie werden «angesteckt», das heißt, die «Nacht» als Inhalt im Unbewußten jeder Tänzerin ist konstelliert und wird von allen intuitiv wahrgenommen; so tanzt jede ihre eigene «Nacht». Natürlich können auch Männer solche Tänze ausführen. Sie sind kein weibliches Privileg.

Dieser Tanz (Ritus) hatte zum Ziel, «Tag» oder «Nacht» sinnlich (empfindend) zu erleben. Andere Arten von Tanz haben das Ziel, den eigenen Körper zu empfinden (zum Beispiel Jazz-dance), doch wird auch hier ein unbewußter Inhalt dargestellt, nämlich der *Rhythmus* und die *Wiederholung*. Beides sind im Unbewußten beheimatete «Matrizen» (eine Art von Code), die rituell empfunden und erlebbar werden. Erst durch ein intuitives «Hinhorchen» auf diesen «inneren» Rhythmus ist seine Darbietung im

Körper möglich oder auf eine Trommel oder andere Schlaginstrumente übertragbar. Das führt dem Ich Lebensenergie und -freude (Libido) zu. Tanz und Musik stecken die Zuhörer und Zuhörerinnen an, die den Impuls verspüren, mitzutanzen, mitzusingen, mitzuschreien – ein festliches Erlebnis, das Kraft gegeben hat.

Tanz und Rhythmus sind entwicklungsgeschichtlich die ältesten Riten. Sie kommen schon bei Tieren, besonders bei Vögeln vor. Dem Zauber, der von solchen Tänzen der Vögel ausgeht, kann sich niemand entziehen. Das dunkle Unbewußte ist durch die Konkretisierung im Ritus ans Licht durchgestoßen, und wir alle ahnen, daß hier «etwas Göttliches» durch die Natur hindurch scheint, an dem wir mit Bewunderung und Ehrfurcht teilhaben.

Empfindungs- und Intuitionstanz

Der Tanz hat, wie wir gesehen haben, zwei voneinander unterscheidbare Funktionen. Er fördert und vollendet die *Körperempfindungen,* also die Wahrnehmung des eigenen Körpers. Hier feiert die Empfindungsfunktion Orgien. Das Leben an sich wird voll bewußt durch den rhythmischen Tanz.

Der Tanz kann aber auch den Körper und sein Empfinden dazu benutzen, unbewußte seelische Inhalte zur Darstellung zu bringen und sie der sinnlichen Wahrnehmung zugänglich zu machen, wie bei Anne, welche die «Nacht» tanzt. Bei der ersten Gattung ist die Körperempfindung Selbstzweck, bei der zweiten Gattung dient sie tanzend der Intuition. Wir bezeichnen daher diese Tanzform als «meditativ» oder «sakral». *Hier identifizieren sich die Tänzer/innen mit Inhalten der tiefen Seele.* Sie können einen Vogel oder irgendein sonstiges Tier tanzen oder auch Pflanzen oder ganz einfach Ahnungen. Es handelt sich dabei *nicht* um Nachahmungen von zum Beispiel Tieren, sondern um Neugestaltungen unbewußter Inhalte. Das «Wesen der Tiere» soll dargestellt werden – wie in den Höhlenmalereien in Südfrankreich.

Gewiß schöpft auch der Empfindungstanz seine Kraft und seine

Rhythmen direkt aus dem Unbewußten, denn jede seelische Kraft stammt daraus. Er begeistert und berauscht ebenfalls und ist insofern «intuitiv», als die Intuition *den* Verbindungskanal zum Unbewußten darstellt, doch wird beim meditativen Tanz eine hohe Differenzierung erreicht, die dem «wilden» Empfindungstanz abgeht.

Verschmelzung und Trennung als Funktionen der Intuition

Wir haben am Beispiel von Annes Tanz gesehen, wie die Intuition *durch Identifizierung mit ihrem Objekt* funktioniert.

Ganz ähnlich identifiziert sich der kleine *Peter* mit einer Dampflokomotive (die er schon gesehen hat), indem er, die Arme wie Stoßstangen bewegend, pustend, zischend vorwärts rennt und die Dampfpfeife schreiend wiedergibt. Er hat die Dampflok bereits gesehen, jetzt aber erlebt er ihr «Wesen», spürt ihre Kraft. Erst jetzt weiß er empfindungsmäßig, was eine Dampflok ist. Allerdings wird er erst durch Denken erfassen, wie sie konstruiert ist und mechanisch funktioniert. Man kann fragen: Ist Peter nun Lokomotive oder ist er Peter? Nun, durch Identifizierung ist er beides. Die Lok ist «in ihn gefahren», er ist davon «verzaubert», er «spielt» Dampflok so lange, bis er die Identifizierung rückgängig macht. Das ist schade und tut weh, doch muß er sich von der Identifikation wieder trennen, um nicht verschlungen zu werden und sein Ich zu verlieren. Er muß wieder «Nur-Ich» sein und lernen und erfahren, daß zwischen Lok und ihm ein Unterschied besteht. Nur dadurch ist eine differenzierte Beziehung zur Lok möglich.

Die durch Verschmelzung charakterisierte Identifizierung muß im Lebens- und Entwicklungsprozeß immer wieder rückgängig gemacht werden, soll die Autonomie des Ich gewährleistet werden. Man soll aus dem Brunnen trinken, aber nicht in ihm ertrinken. So wechseln sich in einem erfüllten Leben Verschmelzung (Identifizierung) und Trennung (Rücknahme der Identifizierung) ab.

Menschwerdung (Humanisierung) Gottes – Vergöttlichung (Deifizierung) des Menschen

Im Prinzip handelt es sich um denselben Vorgang wie beim sakralen Tanz: Das Ich steigt, sich identifizierend, in die Tiefen des göttlichen Wesens hinab und führt dieses zu empfindendem Bewußtsein. Gott «inkarniert» sich im Menschen, der – hoffentlich nur vorübergehend – wird «wie Gott». Von «Gott her» gesehen ist das eine *Menschwerdung Gottes* und vom Ich her gesehen eine *Vergöttlichung des Menschen*. Es findet also ein Identifizierungsprozeß statt zwischen zwei Instanzen (dem Ich-Komplex und dem Gotteskomplex), die sich dann wechselseitig nicht mehr voneinander unterscheiden können.

Auf der Ebene der Intuition kann man sich fragen, wer oder was die Identifizierung tätigt: Macht es das Ich oder das Unbewußte? Das kann in der Tat nicht ausgemacht werden, weil im Falle der Intuition das Wahrnehmende (Ich) mit dem Wahrgenommenen (Unbewußtes) verschmilzt. Bezeichnen wir das Unbewußte als das Du, dann wird durch Identifizierung (Verschmelzung) das Du zum Ich und das Ich zum Du. Beide Instanzen können sagen: «Ich bin (wie) du.»

Ein Mensch, der sich mit dem Ganzen des Unbewußten identifiziert hat und in der Identifizierung verharrt, würde sagen: «Ich bin Gott.» In abgeschwächterer Form würde er sagen: «Ich bin wie Gott.» In weiterer Abschwächung würde er verkünden: «Ich bin der Prophet Gottes, ich bin sein Stellvertreter, ich lebe und handle in seinem Auftrag, ich werde die Welt in seinem Auftrag verändern, verbessern – oder zerstören.» Hier finden also Teilidentifizierungen mit dem (göttlichen) Unbewußten statt.

Es gibt einen Psychiaterwitz, der etwa so lautet: Der Psychiater empfängt einen neuen Patienten. Er sagt zu ihm: «Nun erzählen Sie mir einmal alles von Anfang an.» Der Patient: «Am Anfang schuf ich Himmel und Erde.»

Manche Intuitive haben ein Sendungsbewußtsein oder ein messianisches Erlösungsbewußtsein. Das kann in sehr milder Form sehr günstig sein: Sie wollen einfach helfen. Spielt dabei aber Gott eine Rolle, dann handeln sie bereits im göttlichen Auftrag. Sind sie in einer Sekte, erleben sie sich als auserwählt. Sie haben dann die einzig «richtige» Religion, alle anderen sind «Ungläubige» oder «Ketzer». Sie schaden sich selbst und anderen durch ihre Überheblichkeit, Intoleranz und Engstirnigkeit. Man spürt deutlich ihre geheime oder offene Rücksichtslosigkeit.

Betätigen sie sich politisch und sind sie in irgendeiner «Partei Gottes», wollen sie einen («ihren») Gottesstaat errichten. Ihre Kriege sind «heilig». Sie sind dann von religiösen Ideen besessen und entwickeln Ideologien – in der Regel zum Verderben der Menschen. Da kann man nur beten: «Gott bewahre uns vor ihrem Gott.» Ich führe das an, um auf die Gefährlichkeit der intuitiven Wahrnehmung hinzuweisen, falls sich die Identifizierungen nicht wieder auflösen.

Wir können aber auch mittels der Wahrnehmung durch Intuition erkennen, *was* das Unbewußte im Prinzip ist. Offenbar ist in ihm das *Wesen aller Dinge* (zum Beispiel «Nacht» oder «Gott») gleichsam *unanschaulich enthalten*. Weiter sind sicher sehr viele *«Urmatrizen»* (zum Beispiel Ritus und Ritual) wenigstens latent vorhanden. Es ist zudem ein großes *Energiepotential*. Ich denke, daß die *Identifizierung* wie auch die *Ritualisierung* zu den wichtigsten Eigenschaften des Unbewußten gehören und daß die Intuition sowohl vom Ich wie auch vom Unbewußten ausgehen kann. Das führt zur Hypothese, daß das Unbewußte auch ein Bewußtsein hat, welches vom Ich-Bewußtsein unterschieden ist, mit welchem dieses aber in Kontakt kommen kann.

Jedenfalls können wir uns modellhaft vorstellen, daß die Intuition die Pforte zum Unbewußten ist, daß sie die älteste Wahrnehmungsfunktion ist und bereits vor der Entwicklung der übrigen Wahrnehmungsfunktionen existierte. Das heißt: *Die Intuition funktioniert weithin so wie das Unbewußte selbst.*

Interaktionen zwischen dem Ich und dem Unbewußten. Die Konstellation

Die von Peter gesehene Dampflok *konstelliert* in seinem Unbewußten das Wesen Lok, und schon «ist» er durch Identifikation die Dampflok. Jemand erfährt die Zärtlichkeit einer Frau. Sofort wird die Zärtlichkeit der längst vergessenen Mutter als «Wesen Zärtlichkeit» konstelliert. Sind persönliche negative Erfahrungen im Unbewußten gespeichert, werden *diese* konstelliert: Ein Mann wehrt dann zum Beispiel die Zärtlichkeit der Frau ab und gelangt nicht zu den tieferen Schichten des Unbewußten, wo die «Wesenheit» Zärtlichkeit überhaupt beheimatet ist.

Wir nennen dieses Sich-Einstellen des Unbewußten auf das Ich *Konstellation*. Sie ist die wichtigste Interaktion zwischen Ich und Unbewußtem. Kaum geht sie vom Ich aus, antwortet das Unbewußte. Wenn jemand zum Beispiel in größter Lebensgefahr und Ohnmacht plötzlich betet, wurde im Unbewußten Gott konstelliert. Er «fiel ein» (als Einfall) und legt unter Umständen Rituale nahe, zum Beispiel das Beten des Vaterunser oder nur «Gott hilf mir» oder «mein Gott». In diesem Fall haben die Not und die Gefahr Gott konstelliert.

Solche und ähnliche Interaktionen finden ständig statt, sei es mit dem tiefergelagerten Gotteskomplex (auf die Beziehung der Intuition zu Gott und zum Gotteskomplex werde ich später eingehen) oder mit vorgelagerten Komplexen, zum Beispiel einem negativen Mutterkomplex. Nicht alle Interaktionen werden bewußt wahrgenommen. Eine Vielzahl verläuft unterschwellig, und die Intuition bemerkt sie nur dumpf, ohne daß es zur Bewußtwerdung kommt. «Angesprochen» wird die Intuition (und damit das Unbewußte) bei allen Menschen (da bei allen Menschen die Intuition angelegt ist), vorrangig natürlich, wenn die Intuition die Hauptfunktion ist.

Das Studium dieser Interaktionen, Konstellation und Identifikation im Individuum ist in der Tiefenpsychologie von größter Bedeutung und integrierender Bestandteil der *Psychodynamik*, welche darüber bestimmt, wie unser Leben und Schicksal verläuft und welche Veränderungen möglich (oder unmöglich) und erwünscht sind. Erst wenn man diese weitgehend erfaßt hat, kann man einen Menschen auch in seiner Tiefe erkennen.

Intuition und Esoterik

Allgemeines zur Esoterik

Die Esoterik ist der Intuition liebstes Kind und mit der Religion eng verwandt. Neben ihrer *animistisch-magischen* Ausformung entwickelte sie sich in den Veden und Upanishaden zu religiös-künstlerischen Hochblüten und lebt im Hinduismus als zum Teil faszinierende Religion fort.

Nachdem im Abendland die christliche Religion mehr und mehr Anhänger verliert – was eng mit der technischen Entwicklung (die Frucht des Denkens) und der des materiellen Wohlstandes (die Frucht der Empfindung) zusammenhängt –, erfreut sich die Esoterik großen Zulaufes und ist streckenweise zum Religionsersatz geworden. Vom denkerischen Standpunkt aus läßt sich (fast) nichts von den esoterischen Ideen «beweisen», und für die realitätsbezogene Empfindung ist das esoterische (und religiöse) Gedankengut nicht existent, da es sich nicht um Greifbares und Handfestes, sondern «nur» um Überzeugungen und Glaubensinhalte handelt.

Faktisch jedoch bedeuten die esoterischen «Erkenntnisse» eine ungeheure Lebenshilfe, und der Reichtum an Bildern und Vorstellungen allein führt dem Ich ein unter Umständen erhebliches Quantum an psychischer Energie zu. Dabei spielt «die Wahrheit» im Prinzip keine Rolle. *Die Intuition sucht das Heil und nicht die Wahrheit.* An diese glaubt sie nur, weil sie von Überzeugungen lebt und diese vermittelt.

Der Placeboeffekt

Ein Beispiel für die heilende Wirkung intuitiver Wahrnehmungen ist der Placeboeffekt. Er besagt, daß grundsätzlich jeder materielle Stoff eine (meist vorübergehende) Heilwirkung hervorbringen kann, wenn der Patient daran glaubt. Sie wird noch verstärkt, wenn auch der Arzt daran glaubt. Die naturwissenschaftliche Medizin weiß um dieses Phänomen. Will sie die objektive Wirksamkeit eines neuen Medikamentes erproben, wird ein *Doppelblindversuch* gemacht: Einer Gruppe von Kranken wird das «echte» Medikament verabreicht, einer anderen ein Placebo (bei Injektionen z. B. Wasser). Dabei weiß der verabreichende Arzt selbst nicht, welche der Spritzen das «Verum» und welche das Placebo enthalten. Erst dann, wenn das Medikament signifikant besser als der Placeboeffekt wirkt, wird die Arznei als effektiv wirksam eingestuft.

Dieser Prüfung hält zum Beispiel kein einziges homöopathisches Mittel stand, was aber nicht ausschließt, daß es in Einzelfällen dennoch und – selten – auch definitiv heilend ist. Dabei dürfte die Person des Arztes (der sicher ein Intuitiver ist) ausschlaggebend sein, denn von ihm geht eine spürbare Kraft aus, die sich auf den Patienten überträgt. Auch von Jesus wird berichtet, daß eine Kraft von ihm ausging.[15] Jesus war zweifellos ein hochbegabter Intuitiver.

Die Ganzheit

Die Intuition erfaßt «die Ganzheit» des menschlichen Körpers und der Seele, sie arbeitet mit der Identifizierung mit dem Ganzen. Das entspricht der *holistischen Weltanschauung*[16], welche die «vollkommene Einheit allen Lebens» wahrnimmt, wobei das Leben alles Lebendigen und die Teilhabe des einzelnen daran gemeint ist. Tatsächlich kann die Identifizierung erlösend wirken, wenn das Bewußtsein von diesem Übergreifenden abgespalten war. Auf diese Weise ist sogar eine Art von «Selbstheilung» möglich, sei es durch Meditation, sei es durch Objektsuggestionen wie etwa die *Bachblütentherapie.*

Die Haltung der Intuitiven hinsichtlich der Überprüfungsmöglichkeit oder -notwendigkeit durch rational-wissenschaftlich-denkerische Beurteilungen ihres esoterischen Wissens ist gespalten. Ein Teil hält eine Überprüfung, ob das Intuitivwissen auch wahr ist, für völlig überflüssig. Die «Wahrheit» ihres Wissens ist überwältigend und in sich evident, weil sie «ergreift». Sie wissen natürlich nicht (und wollen es auch gar nicht wissen), daß keine Wahrnehmungsfunktion so täuschend ist wie die Intuition. Ob Täuschung oder Nichttäuschung vorliegt, kann nur das Denken und im Bereich der Medizin nur die Naturwissenschaft entscheiden. Erst dann nämlich, wenn Intuition und Denken übereinstimmen, gibt es ein *sicheres und täuschungsfreies Wissen.*

Die Intuition erfaßt also ahnend die Zusammenhänge innerhalb des Ganzen. Leider ist (unter denkerischen Kriterien) die Gewißheit, daß alles irgendwie mit allem zusammenhängt, noch keine Erkenntnis. Das «Esoterische» ist aber weithin überzeugender als das Rationale, dessen unemotionale Sachlichkeit so trokken, luftdünn und von allen Gefühlen so weit entfernt ist.

Synchronistische Ereignisse und das Orakel[17]

Es gibt hochbegabte Intuitive, welche für die Entscheidungsfindung in Krisen und die Entdeckung künftiger Perspektiven sehr hilfreich sein können. Wie wir aus den synchronistischen Ereignissen ersehen können, dienen auch Objekte mannigfacher Art der befreienden Situationserfassung. Ob das nun die Sterne, Tarotkarten, das Pendeln oder der I Ging ist, ist zweitrangig. Offenbar gibt es einen *Archetyp des Orakels,* der seit Menschengedenken auf verschiedene Weise konstelliert wird – und sei es in der primitiven Weise des Kaffeesatzlesens.

Man wird dieses Gebiet des Okkulten trotz aller Vorbehalte des

Denkens nicht einfach als Kurpfuscherei oder Hokuspokus abtun können. Eine religiöse oder auch esoterische Überzeugung ist oft wirksamer als die trockene und vor allem nur Teilbereiche des Lebens erfassende wissenschaftlich-denkerische Erkenntnis, die zudem oft sehr teuer ist und Experimente und Maschinen ohne Ende braucht, während eine Heilswahrheit gratis als auftauchende Idee manchmal Wunder wirkt.

Die problematische Seite der Esoterik

Übel allerdings ist es, wenn die Heilswahrheit die effektiv wirksame medizinische Wissenschaft verdrängt. Wenn zum Beispiel die Zeugen Jehovas die Bluttransfusion aus religiöser Überzeugung ablehnen, kann das Menschenleben kosten, was bei ihnen aber wohl gottgewollt ist. Oder: Ein schizophrener Patient kann nahezu symptomfrei leben, solange er ein bestimmtes Psychopharmakon einnimmt. Er geht aber außer zum Arzt auch zum Heilpraktiker. Dieser pendelt dann über dem Medikament und bestimmt, ob es wirksam, überflüssig oder giftig ist. Fast immer ist es natürlich unwirksam und vergiftend. Der Patient setzt es ab und landet ein bis zwei Wochen später wieder im psychiatrischen Krankenhaus. Dort bekommt er erneut das Medikament, er wird symptomfrei, und es geht ihm gut. Eine Zeitlang nimmt er es, von der Klinik entlassen, wieder ein, bis irgendein «Heiler» es absetzen läßt – neuer Klinikaufenthalt als Folge. Und die (hier private) Krankenkasse bezahlt den Heiler und die objektiv vermeidbaren wochenlangen Klinikaufenthalte. So bringt die täuschende Intuition viele Opfer hervor.

Vieles wäre noch über die Esoterik zu sagen, was aber aus Platzgründen unterbleiben muß.

Die Bedeutung des Sports beim Intuitions- und Empfindungstyp

Der Drang zur Bewegung

Am Beispiel der kleinen Rita wurde deutlich, wie das Unbewußte gleichsam einen Druck auf das Ich ausübt und es veranlaßt, rituell-spielerisch zu handeln. *Das Unbewußte drängt es zur Bewegung,* wobei die *Faszination* entscheidend ist, weil das Unbewußte das Ich auf diese Weise «anzieht» und zum «Mitmachen» veranlaßt. Diesen intuitiv vermittelten *Drang zur Bewegung* haben wir bereits beim Tanz aufgewiesen.

Eine weitere *Manifestation des Bewegungsdranges ist der Sport,* der für die kulturelle Menschheitsentwicklung sehr bedeutsam war. Er ist an Programme gebunden, welche bestimmte Leistungen erfordern: Wer ist der Schnellste im Lauf oder zu Pferde? Wer ist der Stärkste und Geschickteste im Fünfkampf? Wer das Maximum leistet, wird belohnt, das Machtgefühl kommt auf seine Rechnung. Es wird aber eingeschränkt durch die Spielregeln (Programme), wichtig wird daher die *Demonstration der Kraft.*

Die Aggressivität wird durch die Spielregeln kanalisiert (ganz ähnlich wie auch die Zwänge einerseits Ausdruck der Aggressivität sind, andererseits deren Beschränkung dienen). Es handelt sich um eine sehr weitgehende Eindämmung der potentiellen Destruktivität des Macht- und des diesem zugrundeliegenden Gotteskomplexes. Das Ich wird von dessen Energie erfüllt, ohne von ihr verschlungen zu werden – und das ist schlichtweg *begeisternd.*

Das Lebensgefühl wird enorm gesteigert, deshalb ist *der Lebenssinn* während der Sportspiele *garantiert.* Daher rührt die Attraktivität, ja die Faszination, die er Sport ausübt. Daß es Hooligans gibt, liegt in der Natur der Sache, da einige meist jugendliche und ichschwache Menschen von der in den Wettkämpfen bereitliegenden Aggressivität überschwemmt werden. Sie verfügen offenbar über keinen wirksamen «Filter» und sind das Opfer des aggressiven Machtkomplexes, dessen extremster Ausdruck das *Amoklaufen* ist.

Der göttliche Ursprung des Sports. Leistung und Gesundheitsförderung

Im Abendland hat sich der Sport als quasi göttliche Institution in den Olympiaden manifestiert. Gemäß *Pindar,* dem griechischen Dichter (520/517–438 v. Chr.), der die Sieger der Olympiaden verherrlichte, fand die erste Olympiade im Jahre 776 v. Chr. statt. Sie wurde dann alle vier Jahre gefeiert, über tausend Jahre lang.

Die Kampfspiele wurden zu Ehren des Zeus und der Olympia (Olympia ist der Beiname mehrerer Göttinnen) abgehalten, denen jedesmal Tieropfer dargebracht wurden. Die Spiele haben also einen deutlich religiösen Ursprung und waren, wie wir heute sagen würden, vom männlichen und weiblichen Aspekt Gottes «eingegeben». Die Sportspiele sind tatsächlich Ausdruck von Kräften, die beseelen und sich in Körperleistungen manifestieren. Es ist einleuchtend, daß die *Leistungssportler* vorwiegend Intuitive sind wie alle, die sich selbst extreme Leistungen abverlangen.

Intuitive betreiben aktiven Sport, um die ursprünglich göttliche Kraft durch körperliche und an sich «nutzlose» Leistungen erlebend zum Ausdruck zu bringen. Die Energie wird zudem *durch Konzentration «gebündelt»*. Zumindest Sportprofis wissen, daß der «mentale Faktor» der entscheidende ist. Noch heute bekreuzigen sich Sportler vor dem Wettkampf in der richtigen Ahnung, woher sie ihre Kraft bekommen!

Die Zuschauer identifizieren sich mit den Sportlern und können auch bei körperlichen Gebrechen durch diese kollektive Begeisterung psychisch gestärkt und belebt das Stadion wieder verlassen. Kein Zweifel: Der Sport ist *psychisch gesund,* denn der Sporttreibende hat teil an der Energie aus dem Unbewußten. Heute allerdings wird der Hauptwert des Sportes, die psychische Gesundheit, weniger gesehen; die körperliche Gesundheit, die der Sport vermitteln soll, steht im Vordergrund.

Der Lorbeerkranz – Anerkennung der Leistung

Die hilfreiche Funktion des Sports wird uns begreiflicher, wenn wir bedenken, daß unser Alltagsleben nicht sehr häufig durch nennenswerte Erfolgserlebnisse aufgewertet wird. Der persönliche Mißerfolg, die chronische Nichtbeachtung täglicher Leistungen, der Streß durch Konflikte und Krisen wäre noch viel unerträglicher, gäbe es nicht die heilsame Belebung durch sportliche Ereignisse. Mancher Amateursportler, dem ein Platz an der Sonne verwehrt ist, kann durch sportliche Leistungen hervorragen, und sein Name erscheint in den Zeitungen. Wenigstens einmal war er berühmt und sein Name in aller Munde.

Für die *Intuition* ist der Sport (ursprünglich) eine Manifestation der Macht (Kraft) durch die körperliche Leistung. Ihrem Gegenpol, der *Empfindung,* vermittelt der Sport eine auf anderem Wege kaum erreichbare *Körperempfindung,* die nicht oder kaum an die Leistung oder Kraftdemonstation gebunden ist. Empfindungstypen genießen die Empfindung ihres Körpers in der Bewegung. Ihr Ziel ist die *Freude am bewegten Körper,* dem Empfindungstanz vergleichbar. Die Schönheit des bewegten Körpers und das harmonische Zusammenspiel aller Bewegungen steht im Mittelpunkt. Hier grenzt der Sport oft an die Kunst. *Reine Denk- oder Fühltypen* können dem Sport nicht viel oder gar nichts abgewinnen.

Sport als Konfliktstoff in den Paarbeziehungen

In den Paarbeziehungen allerdings wird die Liebe der Intuitionsmänner zum Sport recht häufig zum Konfliktstoff mit den Empfindungsfrauen. Diese können sich mit der sportlichen Leistungsorientiertheit nicht anfreunden, denn der Empfindung ist das Leistungsprinzip eher fremd. Ihr kommt es nicht darauf an, wer der Erste ist, und das harte Kämpfen ist ihr nur dann genehm, wenn *um sie gekämpft wird.*

Zahlreiche «passive» Sportler sitzen den ganzen lieben Sonntag vor dem Fernseher und denken, das Problem sei gelöst, wenn sie ihre Frauen bitten, sich doch dazuzusetzen und mitzuschauen. Die Empfindungsfrauen haben aber kein Interesse daran und erwarten Zuwendung oder möchten viel lieber etwas anderes mit ihren Männern unternehmen. Diese aber sind unter Umständen nicht in der Lage, diese Kraft aufzubringen, da sie «auf Sport programmiert sind» und ihre Energie sich dorthin konzentriert, andererseits erfolgt durch das Teilhaben am Sportgeschehen eine Belebung. Die Empfindungsfrauen sind dann unter Umständen schwer gekränkt, weil ihnen ihr Mann (das Empfindungsobjekt) zusehends und wiederholt entgleitet. Umgekehrt sind auch die Intuitionsmänner verletzt, weil ihre Frauen sie von ihrem Programm abhalten wollen, das die Aggressionen kanalisiert. Diese äußern sich dann unkontrolliert in Form von Wut- und Zornausbrüchen oder/und gereizter Gekränktheit und mieser Laune über längere Zeit hin.

Beide Partner versuchen, ihre typologisch bedingten Standpunkte zu verteidigen und auch durchzusetzen, um ihr jeweiliges persönliches Gleichgewicht und Wohlbefinden zu erhalten. Dies wiederum führt zu besagten Konflikten, mit dem Resultat, daß beide meinen, der Partner sei egoistisch und habe kein Verständnis für den anderen. Jeder meint, der andere liebe ihn nicht (mehr).

Um solche Konflikte zu entschärfen, müssen beide die typologische Andersartigkeit des Partners erkennen und akzeptieren. *Sie* muß einsehen: «Wenn er Sport sehen will, heißt das nicht, daß er mich nicht mehr mag», und *er* muß erkennen: «Wenn sie sich nicht für Sport interessiert, heißt das nicht, daß sie mich nicht mehr liebt.» Beide sollten aber auch anerkennen, daß die Beziehung auf Dauer zweifellos gestört wird, wenn jeder auf seinem Standpunkt beharrt, weil so keine Gemeinsamkeiten mehr gepflegt werden können.

Um dem vorzubeugen, ist es notwendig, daß beide Partner als «zweites Standbein» eine oder zwei weitere Funktionen entwikkeln, die auf der rationalen Achse liegen (Denken und Fühlen). Das *Denken* wird sofort erfassen, daß die Ursache der Konflikte und der Ehekrise der Gegensatz der Typen ist, der dazu führt, daß beide ständig auf ihrem Standpunkt beharren. *Folglich* ist die Lösung die, daß jeder *zeitweise* seine Belange zurückstellt und sich dort betätigt, wo beide eine Gemeinsamkeit finden.

Dazu sind «Verträge», Abmachungen nötig: wann und wie lange jeder seine Interessen pflegt und auch, von wann bis wann sich die Partner füreinander Zeit nehmen. Nur die denkerische Leistung kann Konflikte so begrenzen, daß sie das Leben nicht mehr vergiften. Das erheischt eine gewisse Anstrengung, eine klare Denkarbeit und ein Abtasten, wo die Grenzen des Zumutbaren auf beiden Seiten liegen.

Aber auch die Fühlfunktion als zweites Standbein kann viel entschärfen. Die Empfindungsfrau kann dann ein wärmeres Gefühl für ihren «sportsüchtigen» Mann entwickeln, sogar eine gewisse Sympathie und ein nachsichtiges Lächeln aufbringen, wenn ihr Mann sie bittet: «Ich will nur noch schnell das Ende der Handballpartie ansehen. Danach bin ich für dich da.» Spürt der Mann ihre «nachsichtige» Wärme, kann er sich viel leichter losreißen: «Sie mag mich, auch wenn ich fernsehe, und deshalb will ich es nicht auf die Spitze treiben. Sie hat ja auch sonst nicht so viel von mir.»

Zum Glück haben Intuitions- und Empfindungstypen öfters eine Eigenschaft gemeinsam: den Drang zur Bewegung. Der Intuitionsmann wird den daraus resultierenden Wandertrieb durch tüchtiges Laufen auch bei schlechtem Wetter befriedigen, wobei die «abgewanderten» Kilometer und die dafür benötigte Zeit eine nicht unerhebliche Rolle spielen. Als «Belohnung» für vollbrachte Leistung winkt dann ein Trunk in einer fernen Gaststätte.

Für die Empfindungsfrau sieht es etwas anders aus. Sie möchte ihren bewegten Körper empfinden und sich an ihrer Bewegtheit erfreuen. Das Gasthaus sucht sie weniger zur Belohnung als zur Vollendung ihrer Sinnenfreude auf. Ein solches wanderlustiges Paar findet nicht selten lebenslange Gemeinsamkeiten, vor allem auch dann, wenn die Liebe zur Natur noch hinzukommt. Der Intuitionsmann findet die Natur großartig, überwältigend und erhebend, die Empfindungsfrau aber empfindet sie als schön, bunt und entsprechend stimmungsvoll.

Gemeinsame Interessen am Sport können überall da zustandekommen, wo Leistung auf der einen Seite, Schönheit und Anmut auf der anderen anzutreffen sind, zum Beispiel beim Eiskunstlauf, Tanzsport oder Tennis. Übrigens sind im allgemeinen die Intuitiven die schlechteren Verlierer als Empfindungstypen, denen es nicht so sehr darauf ankommt, wer verliert. Der Spaß am Spiel ist ihnen wichtiger.

Die introvertierte Intuition

Der Fantast und sein Gegenstück

Christian ist Sozialpädagoge und arbeitet in einem Heim. Seine Frau *Astrid* ist Erzieherin. Sie sind kinderlos. Christian verrichtet seine Arbeit widerwillig und ist froh, wenn er wieder zu Hause ist und niemanden sehen muß. Den ganzen Abend sitzt er im Sessel oder liegt auf dem Sofa. Dasselbe geschieht am Wochenende. Immer wieder fragt ihn Astrid, was er denn habe. Er weicht regelmäßig aus: «Laß mich in Ruhe. Ich bin müde, ich will einfach nichts hören und sehen ...» Nach vielen Ehejahren sagte er eines Tages: «Ich beschäftige mich mit mir selbst.»

Astrid: «Du könntest dich auch einmal mit mir beschäftigen.»

Christian: «Wie soll ich mich mit dir beschäftigen, wenn ich selbst nicht weiß, wer ich bin. Mit dir kann ich mich erst beschäftigen, wenn ich weiß, wer ich bin. Ich muß mich selbst erst finden.»

Astrid: «Aber das tust du doch schon seit zwölf Jahren. Ständig bist du in dich gekehrt. Du sagst, daß du dich selbst suchst, und alles andere ist dir gleichgültig oder zuwider. Wann meinst du denn, daß du dich findest? Nach weiteren zwanzig oder dreißig Jahren etwa?»

Christian: «Das weiß ich auch nicht.»

Astrid: «Du bist ständig in dich versunken, so, als ob du bei Tage träumst. Was siehst du denn in dir?»

Da faßte sich Christian ein Herz und lüftete sein Geheimnis. Er war gezwungen, seinen aufdringlichen Fantasien zu folgen. Es war im Grunde immer dieselbe Geschichte. Ein Volk wird, verteilt über die Erde, in streng bewachten Lagern unter schlimmsten Bedingungen gefangengehalten. Alle müssen Zwangsarbeit leisten.

Schließlich gelingt es einigen zu entkommen und in ein unbewohntes wildes Land zu gelangen. Dort arbeiten sie an technischen Erfindungen, so daß sie allen Völkern überlegene Maschinen und Waffen herstellen können. Nach und nach befreien sie alle Gefangenen. Der Führer der Befreiung ist aber nie Christian selber. Ein eigener Staat wird gegründet, der dank immer besserer Bewaffnung nicht mehr überwältigt werden kann. Schließlich herrscht das befreite Volk über die ganze Erde in der Weise, daß jede Waffenherstellung kontrolliert wird. Alle (bis auf das eigene Volk) werden «abgerüstet». In den Fantasien wird jede Einzelheit der Befreiung nachvollzogen. Die gesamte Befreiungsgeschichte läuft immer wieder von vorn ab mit endlosen Varianten, wobei auch Religiöses und Sexualität eine große Rolle spielen.

Christian kann sich kaum von seinen Fantasien trennen. Er fühlt in sich einen sehr starken Drang, den Fantasien nachzuhängen oder sie neu zu beleben. Zum Abschluß sagt er: «Siehst du, das ist mein Leben.»

Astrid: «Aber das ist doch ein Leben voller Hirngespinste. Das ist doch, wie soll ich sagen, nichts Wirkliches. So lebst du doch am wahren Leben vorbei. Vielleicht bist du krank. Du solltest dir helfen lassen.»

Christian: «Da kann mir keiner helfen, ich selber muß eine Lösung finden.»

Astrid: «Also, ich glaube, daß du dich von den Fantasien befreien mußt. Du solltest dich ablenken und ein Hobby finden. Du könntest Sport machen, zum Beispiel Joggen oder Schwimmen. Du könntest daran Freude finden. Du hast doch keinen einzigen Freund und hast nichts, was du gerne machen würdest.»

Christian: «Ich folge gerne meinen Fantasien.»

Astrid: «Du siehst dabei aber gar nicht so zufrieden aus. Du bist eigentlich ständig mißgelaunt, müde und erholungsbedürftig.»

Christian: «Das verstehst du nicht. Meine Welt sind meine Fantasien und nicht die Welt, von der du sprichst.»

Astrid: «Aber ich lebe in einer wirklichen, handfesten Welt und du in einer illusionären. Du lebst doch gar nicht mehr in der Realität. Du lebst nur von Hirngespinsten und meinst, das sei das wirkliche Leben. Du unternimmst ja gar nichts und hängst nur herum. In den zwölf Jahren unserer Ehe habe ich dich noch nie herzlich lachen hören. Und damit du es gleich weißt: Ich habe es satt, neben einer lebenden Leiche mein Dasein zu verbringen.»

Christian: «Ja dann geh eben. Ich liebe dich sowieso nicht mehr.»

Astrid ist sehr betroffen, denn sie mag Christian immer noch. Sie verschweigt ihm aber, daß sie schon öfters andere Geliebte hatte, durch welche ihr überhaupt erst voll bewußt wurde, welchen Frust sie bei Christian erleiden mußte. Die Ehe ging später in die Brüche. Während Astrid auszog, lag Christian in der Badewanne und hörte laute Musik.

Das innere «Theater»

Christian ist ein introvertierter Intuitionsmann und Astrid eine extravertierte Empfindungsfrau. Ihre Welt ist die greifbare, vorhandene Dingwelt, seine die innere Fantasiewelt. Er erlebt ein inneres Theater, einen endlosen Roman. Dabei ist er ein *passiver Zuschauer* dessen, was das Unbewußte ihm vor-stellt. Er tut nämlich so, als ob das, was auf der inneren Bühne abläuft, ihn gar nichts anginge. Er *ahnt* nur, daß der innere Film etwas mit ihm und daß die Befreiungsgeschichte des unterdrückten Volkes etwas mit seiner eigenen Befreiung zu tun haben könnte («ich muß mich selber finden»).

Der einzige Bezug, den das Ich Christians zum Fantasiegeschehen hat, ist die Faszination: Es wird immer wieder durch das «Theater» angezogen. Es kann den Theaterraum nicht verlassen, und die Bilder sagen dem Ich indirekt: «Beschäftige dich mit uns.» Astrid sagt zu Recht: «Du bist passiv«, «Du bist unproduktiv». In der Tat ist bei Christian überwiegend das Unbewußte aktiv, während das Ich sich mit der Anschauung begnügt. Das Ich fragt sich hier nämlich nicht: «*Was bedeutet* das Theater eigentlich für mich? Warum läuft im Grunde immer dieselbe Geschichte ab, und warum gerade diese und keine andere? Warum muß ich mich überhaupt nur mit inneren Ereignissen beschäftigen, und warum kann ich die äußere Welt nicht als erlebenswert empfinden?»

Würde Christian sich diese Fragen stellen und die Antwort herausfinden, würde er gleichsam den Standort des passiven Zuschauers verlassen und selbst auf die Bühne gehen und die Gäste fragen, woher sie kommen und was sie wollen. Dadurch würde sich das Theaterstück ändern, das Ich müßte erkennen, daß Unterdrückung und Befreiung mit früher erlebter persönlicher Unterdrückung etwas zu tun hat, die aber weitgehend unbewußt geblieben ist.

Die inneren «psychischen Dinge»

Im Gegensatz zur extravertierten Intuition, welche die Möglichkeiten in der äußeren Welt erfaßt oder/und die Dingwelt deutet und interpretiert, richtet sich die introvertierte Intuition auf innere Objekte, die sie ebenfalls deuten kann. Es handelt sich um «psychische Dinge», zum Beispiel Bilder und Fantasien, aber auch auftauchende Gedanken (Einfälle), Stimmungen, Gefühlsregungen, Ergriffenheiten. Diese können von außen veranlaßt sein. Das Augenmerk der Intuition kümmert sich aber nur wenig um die äußere Veranlassung, sondern vielmehr um die inneren Ereignisse, welche diese bewirken. Je nach der Intensität der energetischen Besetzung der «psychischen Dinge» wird das Intuitiv-Ich davon fasziniert und zugleich der Außenwelt entfremdet. Dann läßt es sich davon ergreifen und vom Strom der Fantasien mitreißen. Ein solcher Intuitionstyp ist dann ein Fantast oder Träumer, in extremen Fällen wird er zwanghaft von den Bildern und deren Ablauf gefesselt und kommt nicht mehr davon los. So wie der extravertierte Intuitive mit dem Ding als Ding nichts anfangen kann (weil er es nicht empfindet) und weit davon entfernt ist, zu sehen, daß die konkreten Dinge überhaupt etwas mit ihm zu tun haben, so ergeht es dem introvertierten Intuitiven: Er erlebt diese ganze Innenwelt wie ein Schauspiel, an dem er aber nicht eigentlich beteiligt ist. Er läßt sich dann von diesen inneren Dingen vereinnahmen und treiben. Er schaut sie an als eine Serie von etwas, das kommt und geht.

Wird der extravertierte Intuitive aber aktiv, dann deutet er und interpretiert die Objekte. In diesem Moment nimmt er dazu eine Beziehung auf, und dann haben die Objekte sehr wohl etwas mit ihm zu tun. Dasselbe gilt von den inneren Objekten beim introvertierten Intuitiven. Er ist dann kein Fantast mehr, sondern jemand, der das Wahrgenommene auch interpretiert und dadurch Bezugssysteme herstellt, die ihm vorher nicht bewußt waren. Oder aber er gestaltet die Innenwelt als Künstler, zum Beispiel als Dichter. Oder er ist ein Verkünder von Ergriffenheiten, wobei seine geringe Ausdrucksfähigkeit in keinem Verhältnis zu seiner mächtigen inneren Überzeugung steht. Daher ist es auch nur in Grenzen möglich, überhaupt etwas Deutliches und Differenziertes vom Innenleben der Introvertierten auszusagen.

Sinnlosigkeit und Sinn

Wir nehmen zum Beispiel Christian und Astrid zum Anlaß, die Rolle des Unbewußten in bezug auf das Ich weiter zu verdeutlichen. Wir sehen, daß das Unbewußte und seine Bilder eindeutig auf Christian orientiert sind und an sein Ich appellieren. Das Unbewußte produziert keine Geschichte, die für ihn fremd ist (wie Christian als Fantast meint). Es ist vielmehr die Geschichte, die er bereits erlebt hat. Nur hat Christian, vom Vergessen abgesehen, einen sehr wichtigen Aspekt des Erlebten nicht erfaßt, nämlich *die Bedeutung des Erlebten*. Deshalb leidet er an der *Sinnlosigkeit*. Sie tut sich indirekt an der sinnlosen Wiederholung der Geschichte kund, woran auch die Varianten der Geschichte nichts ändern. Die Wiederholung könnte aber sinnvoll werden, wenn das Ich sich aufraffen würde, nach der Bedeutung zu fragen. Dann käme durch Deuten und Verstehen im Laufe der Jahre die Wiederholung zum Stillstand.

Das Unbewußte ist nämlich sinnträchtig. Dieser gleichsam latente Sinn kann durch intuitives Deuten bewußt werden. Es sieht dann so aus, als ob das Ich dem Erlebten nachträglich einen Sinn geben, also *Sinn stiften* würde. Diese vom Ich unternommene Sinnstiftung ist aber objektiv *ein Erkennen der Sinnzusammenhänge, ein Erfassen von einem bereits (im Unbewußten) vorhandenen Sinn:* «Da ist er doch, der Sinn!» Er war für das Bewußtsein vorher nicht da (eben unbewußt), durch den deutenden Erkenntnisvorgang ist er dann da (bewußt).

Wir neigen dazu zu glauben, das Ich könne willkürlich und in totaler Unabhängigkeit (vom Unbewußten) allem irgendeinen Sinn «geben». Das Ich müsse ihn nur «hineinlegen» oder «unterlegen», es könne jeden beliebigen Sinn «erfinden». Gewiß ist der Sinn, den das Ich dem Erlebten zuerkennt, eine Sinnstiftung. Nur, um Sinn zu stiften, muß mir der Sinn bereits zur Verfügung stehen, *er muß mir eingefallen sein.* Er ist vom Unbewußten ins Bewußtsein (hin)eingefallen. Durch das Ich wurde er nur bewußt. Das ist wesentlich, denn ein unbewußter Sinn hilft niemandem, aber *der bewußte Sinn befreit von der Sinnlosigkeit.*

Seltsamerweise erwarten wir alle, daß das Erlebte einen Sinn hat. Wir leiden darunter, wenn Geschehnisse sinnlos sind. «Ich weiß nicht, was soll es bedeuten, daß ich so traurig bin», heißt es in einem alten Lied. Wir könnten sagen: «Wenn ich wüßte, welchen Sinn meine Traurigkeit hat, wäre es mir leichter, dann hätte meine Traurigkeit eine Zukunft, denn wenn sie ihren Sinn erfüllt hat, wird sie aufhören.»

Sinnannahme und Sinnverweigerung des Ich

Dem Ich kommt bei der Sinngebung eine zentrale Bedeutung zu, die weit über das persönliche Schicksal hinausreicht. Wenn wir zum Beispiel vom Bürgerkrieg in Bosnien hören und sehen, wie

Kinder und Frauen von Heckenschützen hinterhältig getötet werden, dann mögen wir spontan ausrufen: «Welch ein sinnloses Morden!» Uns fällt kein Sinn ein, den wir dem Morden «geben» könnten.

Dem Heckenschützen jedoch würde, sollte man ihn befragen, sofort ein Sinn einfallen. Etwa: «Wenn ich Frauen und Kinder erschieße, dann verbreite ich Schrecken und Trauer. Dadurch wird der Feind geschwächt. Wenn er merkt, daß er hilflos ist, weil er mich nicht fassen kann, wird ihn das niederdrücken und verunsichern. Das ist mein Beitrag zum Sieg. Außerdem macht es mir Spaß zu töten, weil ich mich dann sehr stark fühle. Auch hat der Feind meine Lieblingsschwester umgebracht. Das muß gerächt werden. Jede Frau, die ich umbringe, ist eine Genugtuung für meine Schwester.»

Wir sehen: Unser eigenes Unbewußtes hat uns keinen Sinn eingegeben. Das Unbewußte des Heckenschützen aber gab diesem sehr wohl einen Sinn ein. Sein Ich weist diese Sinngebung nicht zurück. Er unterstellt seinen Macht- und Rachebedürfnissen einen ihm vom Unbewußten eingegebenen Sinn. Würde er diesen Sinn hinterfragen, könnte er merken, daß sein gesamtes Tun sinnlos ist. Vielleicht würde er dann auch merken, daß er zum Diener eines bösen Gottes in seinem Unbewußten geworden ist, mit dem er sich identifiziert hat. Diese bösen Gäste müßte er zurückweisen.

Das Unbewußte schickt unentwegt auch «böse Gäste» auf die Bühne des Ich. *Das Ich ist dazu aufgerufen, die Sinngebung anzunehmen oder zu verweigern.* Würde der Heckenschütze sich weigern, dem Morden einen Sinn zu unterlegen, dann würde er wissen, daß sein Morden sinnlos ist, und dann könnte er nicht mehr lange so weitermachen. – Es sei denn, daß der Sinn ganz verweigert wird. Dann würde er sagen: «Es ist sowieso *alles sinnlos,* die ganze Welt und mein Leben auch, darum morde ich eben weiter!»

Das Unbewußte hat für eine Sinngebung alle nur möglichen Bedeutungen bereit, auch sehr primitive. Im Hinblick auf die Entwicklung kann Sinngebung nur dann «richtig» sein, wenn sie dem kulturellen und moralischen Niveau entspricht. Das, was in primitiven Zeiten sinnvoll war, ist es bei fortgeschrittener Entwicklung eben nicht mehr.

Die Zivilisation kam vor allem dank der guten Entwicklung der rationalen Funktionen von Fühlen und Denken zustande. Herrscht eine pure und eher primitive Intuition vor, die den Machteinflüssen des Unbewußten direkt ausgesetzt ist, dürfte es sehr schwierig sein, zum Beispiel die Führer verfeindeter Stämme dazu zu bewegen, vernünftig und gleichzeitig gut zu handeln, Verträge zu schließen und sie sogar auch noch einzuhalten, denn Denken und Fühlen sind dann kaum entwickelt. Die Machtprogramme sind in fast zwanghafter Weise einfach stärker und verdrängen das Mitfühlen und denkerisches Planen.

Ich will damit zum Ausdruck bringen, daß für die Entscheidung des Ich, ob etwas sinnvoll oder sinnlos ist, nicht einfach die mit dem Unbewußten unmittelbar in Beziehung stehende Intuition maßgebend ist. Vielmehr ist es hauptsächlich die Fühlfunktion, welche den ethischen bzw. moralischen Wert einer Handlung, eines Entschlusses oder einer Idee beurteilt und dann die Sinngebung bejaht oder verwirft. Oder es ist die denkerische Planung, welche auf lange Sicht und unter denkerischer Berücksichtigung des ethischen Urteils des Fühlens einer Handlung oder Handlungsserie schließlich einen Sinn zuerkennt.

Die intuitive Wahrnehmung des Sinnes in synchronistischen Ereignissen

Die tote Ratte

Roswitha leidet seit ihrer Kindheit an einer Mittelohrentzündung, die immer wieder neu aufflammt. Die Untersuchungen taten ihr als Kind sehr weh. Einmal wurde sie wieder im Krankenhaus untersucht und begann schon vorher zu weinen. Die Nonne, die dem Arzt assistierte, sagte ihr: «Wenn du jetzt nicht aufhörst zu weinen, dann sperre ich dich hier in den tiefen Keller, wo die Ratten sind, und die werden dich auffressen.» Roswitha verbiß sich von da an die Tränen, vernachlässigte aber während 35 Jahren ihr Leiden, weil jeder Gang zum Ohrenarzt auch eine innere Tortur war. Ihr Gehör nahm ab.

Während ihrer psychotherapeutischen Behandlung kam das Gespräch schließlich auch auf diese Leidensgeschichte, und Roswitha entschloß sich, den Ohrenarzt aufzusuchen. Dieser erklärte ihr, daß der Hörschaden durch eine Operation wahrscheinlich fast ganz behoben werden könne. Roswitha ging, zitternd vor Angst, in die Universitätsklinik, wo sie bei der Voruntersuchung in Tränen ausbrach. Zu ihrem Erstaunen *durfte sie weinen*, jedermann war zuvorkommend und freundlich, und die Operation verlief sehr gut und in einer Atmosphäre von Zuversicht. Die Lokalanästhesie war perfekt, und die Operateurin erklärte ihr während ihrer Arbeit fortlaufend, was geschah.

Nach der Operation vergoß Roswitha Tränen der Dankbarkeit. Sie fühlte sich wie erlöst. Als sie nach Hause kam und wie gewohnt aus dem Fenster schaute, traute sie ihren Augen nicht: Im Garten lag eine tote Ratte! Roswitha hatte in den fünfzehn Jahren, die sie hier wohnte, noch nie eine Ratte gesehen. «Der Anblick der

Ratte hat mich sehr tief berührt. Das muß doch eine Bedeutung haben. Ich weiß auch welche: Jetzt, nachdem ich mich endlich um mein Ohr kümmern konnte, ist der ‹Fluch› der Nonne gebrochen. Jetzt bin ich befreit.»

Erlösung durch erlebte Sinnerfassung

Maria wurde als Kind dreimal des Diebstahls von Früchten bezichtigt, obwohl sie nie etwas entwendet hatte. Die Beteuerung ihrer Unschuld nützte nichts. Sie erhielt Vorwürfe und Bestrafungen. Das führte dazu, daß Maria sich für die Schwachen und für Minderheiten einsetzte und für Verfolgte überhaupt. Sie war davon überzeugt, die Welt werde von Vorurteilen beherrscht und von vorwiegend dummen Menschen.

Wie sehr sie von der Verurteilung durch Eltern und Nachbarn verletzt wurde, merkte sie aber erst im Laufe ihrer dreißig Jahre später erfolgenden Psychoanalyse. Sie hatte in ihrem Leben öfters gesehen, wie andere gestohlen hatten, und diese Diebstähle nie angezeigt oder verhindert, einmal leugnete sie sogar als Zeugin den Diebstahl einer anderen Person, den sie deutlich gesehen hatte. Während einer therapeutischen Sitzung konnte sie ihre Verurteilung als Kind nacherleben und den Schmerz der Ungerechtigkeit zulassen. Eltern und Nachbarn hatten sich nie entschuldigt. Zum einen war dadurch der Schaden nie wiedergutgemacht worden. Andererseits hatte Maria deshalb Mühe einzusehen, daß die fehlende Verurteilung des Diebstahls nicht richtig war.

Im Anschluß an die Sitzung ging Maria in ein Geschäft, um ihrer kleinen Tochter eine Puppe zu kaufen. Sie fand eine, die ihr gefiel. Die Verkäuferin verpackte sie, und Maria bezahlte. Die Verkäuferin vergaß aber, die Sicherheitsplakette von der Puppe zu entfernen.

Neben dem Puppengeschäft befand sich ein teilweise nur durch eine Glaswand getrenntes Uhrengeschäft. Während Maria zur Ausgangstür schritt, sah sie, wie nebenan ein Mann dabei war, eine Uhr zu stehlen. Sie schritt durch die Ausgangstür, und die Sicherheitsplakette löste den Alarm aus. Dadurch wurde der Besitzer des Uhrengeschäftes nebenan aufgeschreckt und sah, wie der Mann die Uhr wegstecken wollte. *Der Dieb wurde also ertappt und mußte Rechenschaft ablegen.* Die Verkäuferin des Puppengeschäftes aber lief hinter Maria her und forderte sie wütend auf zurückzukommen, im Glauben, Maria habe etwas entwendet. «Sie haben gestohlen!» rief sie aus. Sie untersuchte Marias Tasche und fand nichts. Dann öffnete sie die Verpackung der gekauften Puppe und sah, daß sie vergessen hatte, die Plakette wegzutun. *Beschämt entschuldigte sie sich bei Maria.*

Diese Ereignisse geschahen rund eine Stunde nach der Sitzung beim Therapeuten. Maria war sehr beeindruckt und erfaßte deren Sinn: Sie war wiederum unschuldig angeklagt wegen Diebstahls und vorverurteilt worden. Ein Kindheitsereignis hatte sich wiederholt. Das Neue in der Wiederholung war aber die Entschuldigung (der Verkäuferin), also das, was Maria dreißig Jahre lang vergeblich erwartet hatte. Knapp eine Stunde nach ihrer Beschäftigung mit dem Problem fand es seine Lösung. Es war wie eine Fügung durch eine höhere, Erlösung spendende Macht, welche sich in unglaublicher Weise der Verkäuferin bediente, die nichts vom Problem ihrer Kundin wußte. Es bestand ein *Sinnzusammenhang* zwischen der Thematik der Sitzung und dem Ereignis im Puppenladen.

Genauso beeindruckend sind aber die *gleichzeitig* (synchron) ablaufenden Geschehnisse im nebenanliegenden Uhrenladen. Maria sieht den Diebstahl wie schon oft. Dieses Mal aber trägt sie ungewollt zur Überführung des Täters bei, indem sie die Alarmglocke auslöst. Ein Außenstehender würde das Zusammentreffen von Diebstahlsanklage und Diebstahlsüberführung wie auch das Vergessen der Verkäuferin als *Zufall* ansehen. Für Maria aber ist das alles andere als Zufall, es ist «Fügung».

Der Wissende und Kenner erfaßt in solchen und vergleichbaren Ereignissen ein Gesetz und je nach seinem Standpunkt sogar ein Naturgesetz. *C. G. Jung*, dem wir, wenn nicht die Entdeckung, so doch die Beschreibung dieser Gesetzmäßigkeiten verdanken, bezeichnet die Synchronizität als ein Prinzip, wie für ihn auch die Kausalität ein Prinzip ist.[18]

Die Kausalität (des Denkens liebstes Kind), die immer ein Geschehnis als Ursache eines anderen voraussetzt, an dem man dann die Wirkung erkennt, läßt sich bei zufälligen Ereignissen nicht anwenden. Es ist nicht denkbar, daß die ungerechten Verurteilungen Marias vor dreißig Jahren mit deren «Auflösung» nach dreißig Jahren durch eine Ursachenkette verbunden sind.

Das Kausalitätsprinzip ist bei Zufallsereignissen also nicht anwendbar. Und doch besteht ein *Zusammenhang* zwischen den beschriebenen Ereignissen, der aber akausal ist und durch *Sinngleichheit* beziehungsweise enge *Sinnverwandtschaft* gekennzeichnet ist. *Es ist die Intuition, die diesen Sinnzusammenhang wahrnimmt. Die Denkfunktion dagegen «arbeitet» mit dem Kausalitätsprinzip. Sinn ist etwas geistig-psychisch Wirkliches,* etwas, das vorhanden ist, aber nur intuitiv wahrgenommen wird. Der von Maria wahrgenommene (erkannte) Sinn ist *vollumfänglich* nur für sie selbst sichtbar und nur auf sie bezogen. Allerdings hätte in unserem Beispiel die Verkäuferin denken können: «Durch mein Vergessen wurde der Diebstahl nebenan entdeckt, also hatte mein Versagen einen Sinn.» Das aber wäre ein Sinn bezogen auf die Verkäuferin, und das ist ein anderer als der Sinn für Maria.

«Wer weiß, wozu es gut ist»

Um die Heilung zu verwirklichen, war es notwendig, daß die Verkäuferin eine Fehlhandlung (das Vergessen) tätigte und daß der unbekannte Mann ein Delikt beging. Diese Betrachtungen eröffnen Ausblicke zum Teil erschreckender, zum Teil tröstender Natur: Demnach kann unser Versagen zum Nutzen eines anderen sein, ein Delikt zur Heilung einer anderen Person beitragen. Ja, es kann sein, daß ein Verbrechen, das wir selbst begehen, uns gesund macht. *Dirk Meine*[19] schildert einen Mann, welcher durch die Ermordung seiner Freundin von seinem extrem schweren Asthma geheilt wurde. Sie war natürlich Opfer seiner Projektion geworden, denn er tötete eigentlich seine Mutter, die ihn als Kind so gequält hatte. Damit können und wollen wir uns aber hier nicht beschäftigen. Wir können aber die Hypothese aufstellen, daß alles Versagen, ja alles Böse einen Sinn haben kann, der aber nicht wahrgenommen werden kann oder soll.

Erst wenn zumindest zwei sinnverwandte Begebenheiten auftreten, ist es möglich, deren Sinn zu erfassen, erst dann wird die Intuition darauf aufmerksam. Es handelt sich dann um eine *sinngemäße Koinzidenz, eine Synchronizität.* Wir ordnen sie als «Zufall» ein, wenn wir keinen kausalen Zusammenhang herstellen können und auch keinen Sinn erkennen. *Berührt uns aber der Zufall, dann berührt uns ein Sinn, und dann ahnen wir auch, daß wir selbst und die Welt überhaupt durch sinnvolle Zusammenhänge genauso bestimmt sind wie durch Kausalzusammenhänge.* Letztere berühren uns weniger, weil das distanziert-beobachtende Denken sie erfaßt. Die Erfassung des Sinnes durch Intuition hingegen berührt oder ergreift, weil das entdeckte Sinngefüge auf mich bezogen ist und weil der Sinn und sein Wert einen Energiezuwachs für das Ich bedeuten.

Auch der «Unglücksfall» kann grundsätzlich von der Intuition als irgendwie sinnvoll wahrgenommen werden. Wir pflegen zu sagen: «Wer weiß, wozu es gut ist.» Selbst sehr schwere Schicksale können ertragen werden, wenn ein Minimum an Sinn in ihnen wahrgenommen wird.

Der Gotteskomplex

Introspektion und Gottesbild. Psychischer und transzendenter Gott

Das Ich setzt sich nicht nur mit der Außenwelt, sondern immer auch mit der Psyche und vornehmlich mit deren unbewußten Anteilen in Verbindung. Diese *Introspektion* wird erst durch die Intuition möglich. Im günstigsten Fall durchdringt die Intuition gleichsam alle psychischen Schichten und gelangt zur *Wahrnehmung des Zentrums,* des Kerns der gesamten Psyche. Kommt das Ich mit dem stark energetisch geladenen Kern in Kontakt, nimmt es das zentrale Objekt in Form der *Ergriffenheit* wahr, die *Ehrfurcht* verlangt.

Die Bezeichnung für dieses zentrale innere Objekt ist Gott. Er wird erfahren als das *Heilige.* Die Intuition ist also *die religiöse Funktion. Durch sie ist die Wahrnehmung Gottes möglich.* Viele Menschen können auch bei weniger gut entwickelter Intuition *Gott ahnen.* Gott stellt sich der Intuition in unter Umständen mit hoher Energie geladenen *Bildern* dar, die eine Faszination ausüben wie sonst kein inneres Bild. Ist die Faszination zu groß für das Ich, wird sie bedrohlich und auch äußerst gefährlich (Psychosegefahr). Das *Gottesbild* nimmt dann extrem abschreckende Züge an und offenbart sich als göttliche *Negativmacht.* Wir benennen sie mit dem Wort *Teufel.* Er kann vom Ich, allerdings selten, Besitz ergreifen und es obsedieren. Dann liegt eine *Besessenheit* vor, welche den Betroffenen zum Exorzisten oder Heiler treibt. Die Differenzierteren von ihnen gehen zu Psychotherapeuten oder Psychiatern.

Bezeichnen wir die Polarität der Intuition mit den Gegensätzen

Heil–Unheil, können wir vom wahrgenommenen Objekt her Gegensätze aufstellen. Wir nennen sie:

Gott	–	Teufel
das Heilige	–	das Verruchte
Ergriffenheit	–	Verworfenheit
Ehrfurcht	–	Abscheu
verehren	–	verfluchen
Leben	–	Vernichtung

Die mächtige Negativerfahrung des Teufels vermittelt, das Objekt sei verrucht, diabolisch, verdammenswert. Die Intuition zieht sich gleichsam zurück in Form des Abscheus, das Ich aber erfährt sich als verworfen. Es erlebt durch Vermittlung der Intuition zwar den Unterschied von Gott und Satan, denn das eine ist Leben, das andere Zerstörung, das eine ist Himmel, das andere ist Hölle. Es nimmt aber auch wahr, daß es trotz dem Abscheu von diesem «teuflischen» Objekt irgendwie angezogen wird und davon nicht richtig loskommt. Es kann die Energie nicht wieder zurücknehmen, genau dann nicht, wenn das Summum Bonum (höchste Gut) zugleich als Summum Malum (größtes Übel) erkannt worden ist. Es kann sich gleichsam vom Teufel nicht losreißen und ist *versucht,* ihm anzuhängen. Es ahnt, daß Gott und Teufel irgendwie identisch sind, etwas miteinander zu tun haben und doch die größten Gegensätze ausmachen, die man sich vorstellen kann. Das christliche Gebet «Vater unser» richtet sich ausschließlich an Gott. Und dennoch folgt dann der Satz: «Und führe uns nicht in Versuchung, sondern erlöse uns von dem Übel», so als ob es Gott sei, der auf Teufelsart in Versuchung bringen könne.

Die Leserinnen und Leser werden wohl bemerkt haben, daß die hier gebrauchten Termini «Gott» und «Teufel» sich auf *psychische Größen* beziehen. Die Seinsform dieses «Gottes» ist seelischer Natur und ist mittels der Intuition erfahrbar und partiell erkennbar, insofern er einen Anteil der Gesamtpsyche des Menschen darstellt. Erfaßt wird der wahrgenommene Gott oder Teufel aber nicht als etwas Psychisches, sondern eben als Gott oder Teufel. *Wirklich* ist für uns Gott, weil er wirkt. Er wirkt offenbar auch dann, wenn die Intuition verdrängt ist und ihn nicht direkt wahrnimmt. Da Gott eine psychische Größe und ein psychischer Inhalt ist, kann er grundsätzlich von der Psychologie untersucht und erforscht werden. Das allerdings könnte ein sehr gefährliches Unternehmen werden, eben wegen der Psychosegefahr, der die Forscher sich bei direkter Kontaktaufnahme mit dem Gotteskomplex aussetzen.

Im Gegensatz dazu beschäftigen sich die Theologen mit dem *transzendenten Gott,* der nichts mit der Seele des Menschen gemein hat. Ihr Gott ist nicht der der Psychologie, und sie würden sicher sagen, daß das, was die Intuition als Gott empirisch erfährt, eben nicht Gott ist, sondern allenfalls eine Weise, mit der er sich mit uns aus seiner Transzendenz heraus (Weltjenseitigkeit) in Verbindung setzt. Nicht durch menschliches Vermögen sei der Allmächtige zu erkennen oder zu erfahren, sondern lediglich durch seine Offenbarung.

Nun ist es jedoch eine Tatsache, daß die Menschen mit dem Gott der Theologen oft herzlich wenig anfangen können, weil er als transzendentes Wesen eben jenseits jeder Vorstellungskraft west und irgendwie unfaßbar und daher als wenig bedeutungsvoll angesehen wird.

Der Gotteskomplex. Die Inkarnation Gottes und seine positive Erfahrung

Der innere seelische Gott ist ‹hautnah› und führt den Menschen zum Heil oder Unheil. Er ist für uns der wirkliche, reale, erfahrbare und zum Teil vielleicht erforschbare Gott. Das Ich nimmt wahr, was Erlösung und Zugehörigkeit zu einer heiligen, zum Heil führenden und Heil gewährenden Macht bedeuten. Es hat in durchdringender und unwiderstehlicher Weise das unerschöpfliche Zentrum allen Lebens und Seins als göttliche Quelle erlebt.

Die Intuition vermittelt: «Das ist Gott.» Das Denken allerdings wird sehr viele Vorbehalte ankündigen, unter anderem den, daß die Fülle und Allmacht Gottes sich wohl kaum auf ein kleines psychisches Sein im Menschen reduzieren könne. Der rettende Gedanke wäre dann der, daß «Gott in uns» ein Fünkchen des «wahren und transzendenten Gottes» ist, der im Menschen gleichsam Fleisch geworden ist. *Die Inkarnation Gottes* in Jesus Christus (offiziell ein aus der Offenbarung stammendes Wissen) vollzöge sich dann in jedem einzelnen Menschen. Wir wären zu Trägern Gottes geworden und könnten durch Partizipation ein wenig an seinem ewigen Sein teilhaben. Diese Spekulation hat unter manchen Aspekten einiges für sich. Hier beschäftigen wir uns aber mit dem psychischen Gott.

Wir haben schon erwähnt, daß das Ich selbst ein Komplex unter anderen ist, über dessen Struktur wir wenig aussagen können. Dieser Komplex und Komplexe überhaupt sind durch eine Verdichtung von Energie charakterisiert.

Wichtigster Komplex im Bereich des Unbewußten, mit dem die Intuition in Verbindung treten kann, ist der innere Gott, den ich als *Gotteskomplex* bezeichne. Soweit ich sehen kann, verfügt dieser Komplex über die größte Energiemenge und ist zugleich die *zentrale Energiequelle,* aus welcher die anderen Komplexe versorgt werden. Auch der Ich-Komplex hat in seiner Entwicklung seine Energie aus dem Gotteskomplex erhalten. Bildlich gesprochen wäre der Gotteskomplex die zentrale Sonne, die übrigen Komplexe, darunter der Ich-Komplex, die Planeten, die ursprünglich Teile der Sonne waren.

Nimmt nun das Ich Verbindung mit dem Gotteskomplex auf, erfährt es unter Umständen durch die zuströmende Energie eine unbeschreibliche Bereicherung, eine Ergriffenheit und Gnade. Es erfährt ein Liebeserlebnis, das über jedem sonst erfahrenen Liebesgefühl steht und sich vom Fühlen durch die Fühlfunktion deutlich unterscheidet. Diese Erfahrung wird auch als *unio mystica* oder Gotesminne beschrieben. Sie ist *beseligend* und führt zur Verzückung. Es gibt keine Wünsche oder Bedürfnisse mehr, und alles Leid und jede Beschwernis fallen gleichsam ab. Vergangene traumatische Erfahrungen finden plötzlich ihren Ort in einem Schicksalsgewebe. Selbst schwerste Ereignisse erhalten im «Zustand der Göttlichkeit» ihren Sinn.

Intuitive, gefühlsmäßige und denkerische Erfassung des Gotteskomplexes

Für uns Menschen und für unsere Beziehungen ist es offenbar sehr wichtig, am Kampf gegen und am Umgang mit dem Bösen teilzunehmen und die erkannte Gottheit nicht als wissenschaftliches Objekt zu behandeln. Religion heißt Rückbindung; *insbesondere sind es die entwickelte Intuition und die entwickelte Fühlfunktion,* welche die Beziehung zur inneren Gottheit pflegen können. Die Intuition gibt Antwort auf die Frage: «Wo ist das Heil (der Sinn) und das Unheil?» Die Fühlfunktion beantwortet die Frage: «Was ist (moralisch) gut, und was ist moralisch böse?» Der Intuitive ist von Gott ergriffen, er spürt, ahnt und verehrt ihn. Die Fühlfunktion aber fühlt ihn.

Die denkerische Erfassung «Gottes» und seines negativen Pols kann natürlich andere Wege gehen. Der zentrale Archetyp (Gotteskomplex) kann als eine Informationszentrale angesehen werden, welche alle guten und bösen Erfahrungen, die das Leben überhaupt mit sich bringt, speichert und für all jene Informationen als Auffang- und Verarbeitungs- beziehungsweise Speicherungsort dient, welche vom Ich abgespalten, eben verdrängt wurden, weil sie für das Ich unerträglich waren. Auf diese Weise häuft sich auf dem negativen Pol des Komplexes ein erhebliches Maß an Energie aus Negativerfahrungen. Die Summe aller abgedrängten Negativerfahrungen gestaltet den zentralen Archetyp als Komplex mit. *Da Archetypen vererbt werden* (im Gegensatz zu archetypischen *Bildern* und *Energien*), ist es wahrscheinlich, daß die bösen Erfahrungen aller Lebewesen dort ihren Niederschlag hinterlassen und zur Bildung des Archetyps selbst beigetragen haben.

Dazu gehören auch die körperlichen Schmerzerfahrungen, die von Krankheit, Tod und Gewalteinwirkung, welche alle Lebewesen erfahren müssen, herrühren.

Die Erfahrungen als solche sind Jahrmillionen alt und milliardenmal gemacht worden und daher überwältigend. Ihr im zentralen Archetyp vereinter *Niederschlag*, ihre *Einprägung*, entspricht deshalb auch höchst primitiven und grausamen Vorkommnissen, die im Leben aller Arten stattgefunden haben, was den Kampf ums Leben und ums Überleben als Art und Individuum anbelangt. Nur aufgrund der Entwicklung der Wahrnehmungsfunktionen konnten die Lebewesen Gefahren «erkennen» und abwehren lernen und so die Chancen der Verteidigung oder der bewußten Einordnung der Gefahrenquellen erhöhen.

Alles Schmerzliche und Lebensbedrohliche ist ursprünglich «böse» – aber nicht moralisch-böse! – beziehungsweise unheilvoll: Infarkte, Tumore, Gewalteinwirkung, Vergiftung, Invasionen von Viren, Bazillen, Pilzen usf. in den Körper (die unmittelbare Umwelt der Seele) bedrohen das Leben. Es sind letztlich Naturgewalten, die der Mensch nur sehr beschränkt ändern kann. Er kann sie nur eindämmen und bekämpfen. Die Gesamtheit der erfahrenen Naturgewalten und die daraus resultierenden Handlungen der Menschen werden als *Schicksal* erlebt. Es ist Schicksal, welche Eltern man hat, in welchem Erdteil man geboren wird, in welche Zeit hinein, ob man wegen eines banalen Blinddarms sterben muß oder nicht, ob der Krebs eine heilbare Krankheit oder ein zerstörerisches Leiden ist. *Das Ich ist jedenfalls dafür ursprünglich nicht verantwortlich*. Es findet die schmerz- und todbringenden Mächte vor. Es ist eine dem Menschen überlegene Macht, die all das so macht und fügt. Gott hat die Schöpfung so gefährlich und böse gemacht, nicht der Mensch.

Die unvermeidliche Verletzung durch das Schicksal ist ein Böses, und es *provoziert Bereitschaft zum Bösen*. Ist der zentrale Archetyp Niederschlag, Einprägung und zentraler Akkumulator aller guten und bösen Erfahrungen, wie hier vorausgesetzt wird, wird er in jedem neuen Leben reaktiviert, sobald ihm Verletzungen zustoßen, im Sinne von: «So, wie ich gequält wurde, und vor mir meine Eltern und meine Vorfahren und das ganze Menschengeschlecht, so werde ich wieder quälen (Sadismus), und sei es mich selbst (Masochismus).»

Dank der Entwicklung der Denkfunktion ist der Mensch in der Lage, auch das Böse zu differenzieren. Er unterscheidet zwischen «natürlichen bösen Dingen» (Unglück, Unfall, Krankheit, Erdbeben, Orkane usf.) und vom Menschen selber mehr oder weniger absichtlich zugefügten bösen Verletzungen, welche letztere besonders dank der Fühlfunktion als moralisch böse beurteilt und verurteilt werden. Dieses Böse wird heute ohne weiteres dem Menschen angelastet, seinem Ich und seiner Verantwortlichkeit.

Sowohl das Liebe (Gute) als auch das Leid (Böse) stammt aus Gott. *Genau diesem Gesetz hat sich das Ich unterzuordnen,* weil das den objektiven Kräfteverhältnissen zwischen dem Ich und dem Gotteskomplex entspricht und die optimale Beziehung zwischen den beiden psychischen Hauptinstanzen darstellt.[20]

Die Intuition als religiöse Funktion

Der entweihte Mond

Eva war – damals noch ein Kind – zutiefst erschüttert und verletzt, als die ersten Menschen ihren Fuß auf den Mond setzten. Sie rannte vom Fernseher weg und verschloß sich weinend in ihrem Zimmer. Ihren Eltern, die sich über ihr Verhalten wunderten und sie fragten, was sie denn so traurig mache, antwortete Eva – aber erst Tage später: «Sie haben den Mond entweiht!» Daraufhin meinten die Eltern für sich: «Sie ist ein eigenartiges, ein komisches Kind, man kann doch den Mond nicht entweihen, das ist doch ein gewöhnlicher Himmelskörper, ein Trabant, der um die Erde kreist.» So antworten das Denken und das Empfinden.

Für die intuitive Eva aber war der Mond – wie für unsere frühen Vorfahren auch – eine Göttin, eine weibliche und verehrungswürdige Gottheit, die Respekt und Ehrfurcht abverlangt und welcher sich der Mensch nur im Wissen um seine Kleinheit und sterbliche Geschöpflichkeit ehrwürdig zuwenden darf. Der heilige Bezirk darf nicht von Ungeweihten betreten werden. Die Astronauten aber hatten ein *Sakrileg* begangen und das Heilige beschmutzt. Erst viel später hatte Eva begriffen, daß es gleichsam zwei Monde gibt, je nachdem, mit welchen Augen man sie betrachtet oder mit welchen psychischen Wahrnehmungsfunktionen man sich ihnen nähert. Der empfundene oder naturwissenschaftliche Mond war eine Sache, der intuitiv erfaßte eine andere. Beide Betrachtungsweisen können sich miteinander verbinden, ohne sich gegenseitig auszuschließen, so daß es wieder den einen Mond gibt.

Da der durchschnittliche Empfindungstyp seine Intuition als

seinen Gegensatz verdrängen muß, erscheinen ihm die Aussagen der Intuition oft als fantastisch, wirklichkeitsfremd, ja irritierend bis verdächtig. Sagt ihm seine intuitive Frau, es gäbe einen Gott, sie wisse das und glaube daran, wird der Empfindungsmann gerne antworten: «Es gibt keinen.» Hat er als zweites Standbein das Denken entwickelt, wird er hinzufügen: «Es gibt keinen Beweis, daß Gott existiert.» Es wird ihm nicht besonders schwerfallen, die Pfarrer als Täuscher, wenn nicht gar als Betrüger hinzustellen, die ständig über etwas reden, was es real gar nicht gibt.

In dieser Hinsicht stehen sich manche Eheleute unversöhnlich gegenüber. Der Empfindungsmann denkt bei sich: «Sie spinnt halt ein bißchen!» oder «Sie braucht halt den Glauben, um leben zu können!», während die Intuitionsfrau denkt: «Er ist so banal, er versteht nichts. Er hängt nur an den Sachen und ist ein Materialist.» Andere Intuitionsfrauen werden klagen: «Er ist vom Geistigen noch weit entfernt, er spürt das Immaterielle nicht.»

Für die differenzierte Intuition sind in der Tat der Geist und das Geistige von großer Wichtigkeit und gleichsam das einzige Reale. *Die Intuition (nicht das Denken!) ist die Eingangspforte des Geistes beziehungsweise dessen, was wir als «Geist», «geistige Errungenschaft» bezeichnen.* Die Intuition vermittelt die Be-geisterung – allerdings auch die bösen Geister. Allgemein kann man sagen, daß die Intuition die Wahrnehmung Gottes – oder des Teufels – in Form von Ergriffenheit beseligender oder vernichtender Qualität möglich und in vielfältiger Ausgestaltung «real» erlebbar macht. *Sie ist die religiöse Funktion.*

Angelus Silesius: Ein hochentwickelter introvertierter Intuitiver

Für den modernen Menschen, der vornehmlich in der Welt des Empfindens, Genießens, Besitzens und der Sensationen (intensives Empfinden) lebt, dürfte es nahezu unbegreiflich sein, daß sich eine hochentwickelte introvertierte Intuition mit Gott und seinem

Verhältnis zum Menschen beschäftigt. Für das pure Empfinden existiert so etwas wie Gott nicht, da man ihn ja nicht sinnlich erfassen kann. Sollten reine Empfindungsmenschen eine Art von Glauben vertreten, dann nur als kulturellen Besitzstand, oder weil sie in Grenzen auch die Gegenfunktion entwickelt haben. Religiöse Ergriffenheit, religiöses Staunen oder irgendeine religiöse Vertiefung sind ihnen eher fremd, weil die religiöse Wahrnehmungsfunktion, eben die Intuition, in aller Regel verdrängt ist, und folglich können sie Gott nicht sehen und nicht hören. Introvertierte Intuitive sind aufgrund ihrer Introversion im allgemeinen so unzugänglich, daß man kaum etwas von ihnen erfährt. Sie haben zudem einen ausgesprochenen Widerwillen, sich klar und deutlich zu äußern. Diese Anstrengung ist viel zu groß. In der Denksprache ihre inneren Erfahrungen formulieren können sie schlechterdings nicht.

Aus diesem Grunde möchte ich zur Verdeutlichung dieses Typs und auch als Illustration der religiösen Funktion ein historisches Beispiel anführen. Es handelt sich um *Angelus Silesius* (1624–1677), der uns Gedichte hinterlassen hat, die sich mit Gott und seiner Beziehung zum Ich befassen. Das Bedeutsame an Angelus Silesius ist, daß er *Gott faktisch als psychologische Größe behandelt* und ihn eigentlich der Seele zuordnet. Der Begriff «Gott» ist zwar bei ihm kein explizit psychologischer. Gott ist für ihn das, was Gott dem Frommen bedeutet. Soweit ich sehe, ist er aber der erste Tiefenpsychologe, der sich mit Gott als etwas Seelischem befaßt – natürlich, ohne es bewußt gewollt zu haben. Dabei stößt er auf dieselben Schwierigkeiten des Erkennens, wie sie noch heute existieren, weil die Intuition sich durch Identifizierung mit ihren Objekten in Beziehung setzt, wobei man schließlich nicht recht weiß, wer sich mit wem identifiziert hat, das Ich mit Gott oder Gott mit dem Ich.

In moderner wissenschaftlicher Sprache ist das Ich ein Komplex, der im religiösen Erleben vorkommende Gott aber auch. Dies vorausgesetzt, gebrauche ich im folgenden anstelle des Terminus «Gotteskomplex» den Ausdruck Gott. Ich tue es auch, um den gläubigen und frommen Menschen in diesem Zusammenhang keinen Grund des Anstoßes zu geben.

Johann Scheffler war Arzt und Protestant. Die Kühle und Nüchternheit des Protestantismus waren ihm aber so zuwider, daß er zur katholischen Kirche konvertierte und den Namen Angelus Silesius (der Schlesier) annahm. Er war von den mittelalterlichen deutschen Mystikern angezogen und schrieb seine inneren Erfahrungen in Gedichtform nieder. Ich schöpfe und zitiere im folgenden aus dem *Cherubinischen Wandersmann*[21]. Alle Sperrungen sind von mir. Die Zahlen in Klammern geben die Seiten an.

Die Orientierung (der Weg) nach Innen

Die Wendung nach innen wird deutlich:

> Wer seine *Sinnen hat ins Innen gebracht,*
> Der hört was man nicht redt, und siehet in der Nacht.
>
> (42)

Nur der Intuitive kann begreifen, daß man das Nichtgesprochene hören und im Dunkeln sehen kann:

> Wenn du an Gott gedenkst, so *hörst du ihn in dir:*
> Schweigst du und wärest still, Er redte für und für.
>
> (47)

Silesius weiß, daß Gott in der Seele ist:

> Halt an, wo läufst du hin, *der Himmel ist in dir:*
> Suchst du Gott anderswo, du fehlst ihn für und für.
>
> (11)

Er weiß aber auch, daß Gott (als Projektion) außen erscheinen kann:

O Wesen, dem nichts gleich! *Gott* ist ganz *außer mir*
Und *inner mir auch ganz*, ganz dort und ganz auch hier.

(35)

Die Intuition ist unanschaulich:

Wann du denkst Gott zu schaun, *bild dir nichts Sinnlichs ein:*
Das Schaun wird inner uns, *nicht außerhalb uns sein.*

(37)

Bei der Interpretation der Dingwelt geht Silesius so weit, daß er sie «vergottet»:

Kein Stäublein ist so schlecht, kein Stüpfchen ist so klein:
Der Weise siehet Gott ganz herrlich drinne sein.

(30)

Nicht die Dinge als solche, sondern die empfindende Verhaftung an sie (also das Empfinden selbst) verhindert die Tätigkeit der Intuition und bringt Unruhe:

Nicht Kreatur noch Gott kann dich in Unruh bringen,
Du selbst verunruhst dich (o Torheit!) mit den Dingen.

(18)

Die Begehrlichkeit nach dem Genuß der Dinge hindert die intuitive Gottesschau:

Wer nichts verlangt, hat alls. Wer alles tut verlangen
Der hat in Wahrheit noch nicht einen Stiel empfangen.

(49)

Das Besitzenwollen führt ins Verderben:

Nichts anders stürzet dich in Höllenschlund hinein,
Als das verhaßte Wort (merk's wohl!) das Mein und Dein.

(45)

Die Enge der Dingwelt des Empfindens bedroht die Seele:

Die Welt ist mir zu eng, der Himmel ist zu klein:
Wo wird doch noch ein Raum für meine Seele sein?

(14)

Erst wenn er besitzlos ist, ist der Mensch befreit vom Gefängnis des Empfindens. Empfindungstypen können hier nur den Kopf schütteln, denn ihnen ist das Bankkonto göttlich. Die Intuition aber sagt:

Wie mag ich doch, o Mensch, nach etwas tun verlangen,
Weil du *in dir* hältst Gott und alle Ding' umfangen?

(11)

Die sinnliche Wahrnehmung (Empfinden) hindert die Intuition, die einzige Funktion, die zu Gott Zugang hat:

Geh hin, wo du nicht kannst, sieh, wo du siehest nicht,
Hör, wo nichts schallt und klingt, so bist du, wo Gott spricht.

(15)

Hier wird der Unterschied zwischen Religion als Kulturgut (Empfinden) und dem direkten Kontakt mit Gott deutlich:

In Schulen dieser Welt wird Gott uns nur beschrieben:
In's Heilgen Geistes Schul' *lernt man ihn schaun* und lieben.

(45)

Gott und Ich

Angelus Silesius hat die Beziehung zwischen Gott und Ich zu seinem zentralen Anliegen gemacht. Gott ist der Ursprung des Ich und zugleich sein Ziel.

Wenn ich in Gott vergeh, so komm ich wieder hin
Wo ich in Ewigkeit vor mir gewesen bin.

(47)

Silesius ist – fast vergeblich – bemüht, den Unterschied zwischen Ich und Gott zu erfassen:

Sag zwischen mir und Gott den ein'gen Unterschied?
Es ist mit einem Wort *nichts als die Anderheit.*

(22)

Deutlich erfaßt Silesius, daß es sich bei Gott und dem Ich *notwendigerweise* um zwei unterschiedene Instanzen handelt. Fehlt eine davon, kann auch die andere nicht mehr existieren.

Es wird hier sehr deutlich, daß es sich um den *erlebten Gott* handelt, nicht um den transzendenten. Das bedeutet, daß Silesius *Gott,* sofern er wirksam und erlebbar wird, *als eine psychische Größe erkennt,* deren Unterschied zum Ich lediglich in der «Anderheit» liegt:

Nichts ist als Ich und Du: *Und wenn wir zwei nicht sein,*
So ist Gott nicht mehr Gott und fällt der Himmel ein.

(22)

Das heißt im Klartext: Innerhalb der gesamten psychischen Welt gibt es eigentlich nur diese beiden «Instanzen»: das Ich und das Du. *Die Gesamtpsyche besteht aus Ich und Gott und deren Beziehung.* Hört diese Beziehung auf (was objektiv ja nicht möglich ist, außer in der dauernden Identifizierung), dann fällt sozusagen das ganze «psychische System» zusammen, dann «fällt der Himmel ein».

Mit dem Wort der «Anderheit» will Silesius wahrscheinlich nur die Zweiheit im Gegensatz zur Einheit (vollständige Identifizierung) der zwei Instanzen hervorheben. Gemeinsam ist beiden jedoch das *psychische Sein*:

Ich bin Gotts Ander-Er, in mir findt Er allein,
Was ihm in Ewigkeit wird gleich und ähnlich sein.

(17)

Silesius hat eine große denkerische Leistung vollbracht und mußte zu Wortneubildungen wie «Ander-Er» greifen, um das intuitiv Geschaute überhaupt formulieren zu können. Das Ich ist dem psychischen Sein nach ein anderer Gott, das Gott immer gleich oder zumindest «ähnlich» ist. Die Lehre, der Mensch sei das Ebenbild Gottes, wird genauer gefaßt. *Um Gott zu erkennen, ist eine Identifizierung nötig:*

In Gott wird nichts erkannt: Er ist ein einig Ein.
Was man in ihm erkennt, das muß man selber sein.

(17)

Die Geburt Gottes als Akt der Bewußtwerdung

Wenn Gott und Ich der «psychischen Substanz» nach gleich sind, dann muß die Beziehung zwischen beiden umkehrbar sein. Wenn das Ich aus Gott geboren wurde, wird Gott auch aus dem Ich geboren:

Ich bin Gotts Kind und Sohn; Er wieder ist mein Kind:
Wie gehet es doch zu, daß beide beides sind?

(16)

Ich muß Maria sein und Gott aus mir gebären,
Soll er mir ewiglich der Seligkeit gewähren.

(8)

Es könnte sein, daß die Geburt Gottes aus dem Ich lediglich ein Bewußtwerdungsprozeß ist und ein Bild dafür, *daß dem Ich die Existenz Gottes bewußt wird.* Durch den «Geburtsvorgang» wird Gott als «Anderheit» *erkennbar,* aber nicht eigentlich «erschaffen». Das hat vielleicht Silesius selbst im Auge, wenn er sagt: «Was man in ihm *erkennt* (!), das muß man selber sein.» Wie kann ich Gottes «Kind» sein, und dann wieder Maria, die ihn «gebiert»? Silesius selbst ist darüber erstaunt und etwas perplex.

Wird Christus tausendmal zu Bethlehem geboren
Und nicht in dir: Du bleibst noch ewiglich verloren.

(10)

Hier wird eindeutig klar, daß Gott (Christus) schon tausendmal existent ist. Erfahre ich Gott aber nicht *in mir*, ist sein Existentsein für mich nutzlos und noch schlimmer: Ich bin für immer verloren. Er muß in mir «geboren» werden, heißt deutlich: Er muß mir bewußt werden. Die «Geburt» Gottes ist ein (intuitiver) Erkenntnisakt von etwas, das mir vorher unbewußt war. Auch die Gedichte von Silesius, die gleichsam von einer Spiegelung Gottes durch das Ich sprechen, weisen auf eine erkennende Reflexion hin:

Ich trage Gottes Bild: wenn er sich will besehen,
So kann es nur in mir, und wer mir gleicht, geschehen.

(12)

Damit Gott über das dunkle Ahnen der Intuition hinaus besser *sichtbar wird*, muß das Dunkel (im Unbewußten) gleichsam erleuchtet werden vom Ich, das heißt, das Ich muß sich mit ihm beschäftigen und es mit psychischer Energie besetzen:

Ich selbst muß Sonne sein, ich muß mit meinen Strahlen
Das farbenlose Meer der ganzen Gottheit malen.

(12)

Gott ist das unermeßliche Meer, das Ich aber muß es «anleuchten», damit es für das Ich sichtbar wird:

Mensch, alles was du willst, ist schon zuvor in dir:
Es lieget nur an dem, daß du's nicht wirkst herfür.

(36)

Dieses «Herfürwirken», Hervorbringen ist eindeutig eine Aufforderung, wahrzunehmen, was bereits im Unbewußten bereitliegt. Faktisch soll das Ich sich der Gottheit, in der «alles» bereitliegt, bewußt werden, wodurch es selbst der göttlichen Inhalte teilhaftig wird.

Die Abhängigkeit Gottes vom Ich

Umgekehrt will Gott seiner selbst durch den Bewußtwerdungsakt des Ich in dessen Spiegel gewahr werden. Das Ich wurde aus der Gottheit heraus geboren, *damit* diese sich im Spiegel des Bewußtseins selber sehen kann:

> Dies alles ist ein Spiel, das sich die Gottheit macht:
> Sie hat die Kreatur um Ihretwilln erdacht.
>
> (22)

Für Gott ist es offenbar wichtig (ein «Spiel»), daß er sich durch die Kreatur einen Spiegel verschafft hat. Sollte der «Spiegel» (das Ich) nicht mehr funktionieren, dann gerät Gott in große Not:

> Ich weiß, daß ohne mich Gott nicht ein Nu kann leben,
> Werd ich zunicht, Er muß von Not den Geist aufgeben.
>
> (7)

In moderner Sprache ausgedrückt heißt das: Gott kann sich nur im Spiegel des menschlichen Bewußtseins (oder eines Bewußtseins überhaupt) *erleben*. Ohne das Ich ist Gott «gering»:

> Nichts dünkt mich hoch zu sein: Ich bin das höchste Ding,
> Weil auch Gott ohne mich Ihm selber ist gering.
>
> (15)

Ich und Gott sind also voneinander abhängig und aufeinander angewiesen:

Gott ist soviel an mir als mir an ihm gelegen,
Sein Wesen helf' ich Ihm wie Er das meine hegen.

(11)

Die wechselseitige Abhängigkeit von Ich und Gott ist deutlich auf das Erkennen (Bewußtwerden) bezogen:

Soll ich mein letztes End' und ersten Anfang finden
So muß ich mich in Gott und Gott in mir ergründen,
Und werden das was Er: Ich muß ein Schein im Schein
Ich muß ein Wort im Wort, ein Gott im Gotte sein.

(7)

Die Überlegenheit Gottes

Dennoch ist Gott dem Ich deutlich überlegen, weil er vor dem Ich bereits da war und das Ich ursprünglich aus sich geschaffen hat (das Ich als «Sohn» Gottes):

Gott wohnt in einem Licht, zu dem die Bahn gebricht.
Wer es nicht selber wird, der sieht ihn ewig nicht.

(11)

Im Gegensatz zum Ich ist Gott unerschaffen:

... ich werfe mich allein
Ins *ungeschaffne Meer* der bloßen Gottheit ein.

(7)

Gott ist ewig, und alles was ist, war und ist in ihm enthalten:

Die Rose, welche hier dein äußres Auge sieht,
Die hat in Ewigkeit in Gott also erblüht.

(12)

Nicht nur für den Menschen ist Gott unerforschlich:

Die ewge Gottheit ist so reich an Rat und Tat,
Daß sie sich selbst noch nie ganz ausgeforschet hat.

(16)

In gewisser Weise ist Gott auch «in sich selber selig»:

Gott liebt und lobt sich selbst, soviel er immer kann:
Er kniet und neiget, Er bet' sich selber an.

(16)

Im Vergleich zu Gott ist das Ich «nichtig»:

Mein Gott, wie mag das sein? Mein Geist, die Nichtigkeit,
Sehnt zu verschlingen dich, den Raum der Ewigkeit!

(25)

Gott ist das Höchste, und er erwartet auch eine gewisse Größe des Menschen:

Mensch, bleib doch nicht ein Mensch: man muß aufs Höchste kommen
Bei Gotte werden nur die Götter angenommen.

(44)

Meister Eckhart (1260–1328), Vorgänger des Angelus Silesius, sagte: «Liebt (der Mensch) einen Stein, so ist er ein Stein, liebt er einen Menschen, so ist er ein Mensch, liebt er Gott – nun traue ich mich nicht, weiter zu sprechen, denn sage ich, daß er dann Gott ist, so könntet ihr mich steinigen wollen.»[22]

Dann aber spricht er «es» doch aus: «So wahr das ist, daß Gott Mensch geworden ist, so wahr ist der Mensch Gott geworden.»[23]

Auch Eckhart sieht die Schwierigkeit der Unterscheidung zwischen Seele und Gott, wobei die «Seele» der Mensch – psychologisch ausgedrückt: das Ich – ist: «Und das kann niemand wissen, ob Gott sie (die Seele) oder sie Gott ergriffen habe.»[24]

Die Seele ist dazu erschaffen, daß sie «sich in die Reinheit des grundlosen Brunnens göttlicher Natur *versenken soll* (Sperrung von mir) *und da wie eins werden mit Gott,* so daß sie selbst sagen könnte, sie sei Gott».

Meister Eckhart ist vorsichtig: Er nimmt die Einswerdung des Menschen mit Gott als einen Vergleich: Er soll nicht real eins werden, sondern *wie* eins werden. Andernfalls drohte die Anklage der Häresie, die faktisch tatsächlich erhoben wurde. Dank seiner theologischen Kenntnisse und Rhetorik konnte Meister Eckhart aber vor dem Inquisitionsgericht bestehen. Silesius fand eine bessere Formulierung: Das Ich wird kraft des Wirkens von Gott selbst ein Gott: «Wann ich mit Gott durch Gott in Gott verwandelt bin.»

Dennoch ist der Mensch zu Lebzeiten ein «Bach» im Vergleich zum «Meer» Gottes:

> Hier fliess' ich noch in Gott als eine Bach der Zeit:
> Dort bin ich selbst das Meer der ewgen Seligkeit.
>
> (35)

Die Vereinigung des Ich mit Gott (Identifikation) ist beseligend:

> Wenn du dein Schiffelein aufs Meer der Gottheit bringst:
> Glückselig bist du dann, so du darin ertrinkst.
>
> (35)

Schlußbemerkung

Grenzen dieses Buches.
Eine spekulative Aussicht in die Zukunft

Ich bin hier aus Platzgründen nicht in der Lage, eine *Krankheitslehre* anzudeuten, die sich auf die in ihrem Gleichgewicht gestörten Wahrnehmungsfunktionen abstützt. Sicher ist für mich nur, daß die Mehrzahl der psychischen Störungen auf der irrationalen Achse ablaufen. Dazu gehören vorwiegend Phobien, Zwangsneurosen, Suchterkrankungen und Psychosen.

Eine weitere Unzulänglichkeit dieses Buches liegt darin, daß der *innere Partner des Ich,* nämlich *das Unbewußte* mit dem *Gottes- und Machtkomplex* viel zu wenig detailliert zur Darstellung gelangen konnte. Der Mangel an Platz, aber auch die Schwierigkeit denkerischer Darstellung irrationaler Vorgänge und unbewußt ablaufender Prozesse haben mir den Verzicht auferlegt.

Der Mensch mit seinen vier psychischen Wahrnehmungsfunktionen ist bislang darauf angewiesen, eine Funktion zur Hauptfunktion «hochzuzüchten». Es ist ihm bis heute versagt, alle vier Funktionen im gleichen Ausmaß zu entwickeln. Würde er es tun – und könnte es gelingen –, würde er seinen Standpunkt einbüßen, an Kontur und Niveau verlieren und dadurch psychisch krank werden. Das Maximum, was der Mensch heute erreichen kann, ist die Entwicklung eines zweiten und dritten Standbeines. Die dauerhafte Integration eines vierten ist nach meinen Erfahrungen unmöglich. Es kommt zwar vor, daß die vierte Funktion vorübergehend das Bewußtsein überschwemmt, was einem geradezu «gnadenhaften» Zustand gleicht. Dieser aber kann nicht andauern, es sei denn, der Mensch wäre psychotisch.

Dennoch ist es denkbar, daß der Mensch der Zukunft befähigt sein wird, zum Beispiel seine Hauptfunktion als solche in etwa zu bewahren und die drei übrigen einigermaßen gut zu entwickeln. Das gäbe eine Horizonterweiterung sehr großen Ausmaßes.

Vielleicht kann der Mensch der Zukunft aber auch alle vier Funktionen gleichmäßig entwickeln und ein fünftes stabiles Bewußtseinszentrum erringen, welches das Wesentliche aller vier Funktionen enthält. Die alte Idee der «quinta essentia», der fünften Essenz, könnte dazu die Antizipation bilden.

Vorerst aber sollen wir uns auf das heute Erfahrbare und Erforschbare beschränken. Die vier Wahrnehmungsfunktionen sind der Allgemeinheit noch zu wenig bekannt. Das vorliegende Buch und mein bereits erwähntes Werk über den Denk- und Fühltyp möchten diese Kenntnisse einer breiteren Öffentlichkeit zugänglich machen und den Spezialisten anregen, sich vermehrt mit diesen Ich-Funktionen zu beschäftigen.

Für Paare ist das Wissen über die gegensätzliche psychische Strukturierung des Partners und dessen Anerkennung von großer Bedeutung. Viele Menschen sind heute in einer üblen narzißtischen Selbstliebe verstrickt und kommen deshalb in ihrer Entwicklung keinen Schritt vorwärts. Das Anderssein des Partners zu sehen und lieben zu lernen und ihm bei der Differenzierung seiner spezifischen Struktur zu helfen, ist die einzige Beziehungsart, die den Horizont wirklich erweitert. Der einzelne wird dann in die Lage versetzt, etwas zu verstehen, was er selbst nicht ist. Dann ist er auf keinen Fall mehr allein. Er kann dann sagen: «Ich liebe dich, weil du *nicht* so bist wie ich.»

Danksagung

Danken möchte ich an dieser Stelle Herrn Prof. Dr. Bernd Götz und Herrn Dr. Martin Weber, von denen ich Ermunterung und wichtige Anregungen erhielt, wie bereits bei der Niederschrift des Vorläufers dieses Buches: «Denkmann und Fühlfrau». Besonderen Dank schulde ich Herrn Dr. med. Erich Werner in Basel, der mit großem Interesse beide Werke begleitet hat und mir durch seine Hinweise förderlich war. Ich habe mich gefreut, daß auch dieses Buch beim Walter Verlag erscheinen konnte. Nicht zuletzt gilt mein Dank Frau Marianne Schiess, die als Lektorin des Walter Verlages eine sehr große und schwierige redaktionelle Arbeit geleistet und mit außergewöhnlichem persönlichem Einsatz vollendet hat.

Anmerkungen

1 Siebenthal, Wolf v.: Denkmann und Fühlfrau. Walter-Verlag: Solothurn und Düsseldorf 1993, S. 248 ff.

2 I-Ging, Das Buch der Wandlungen, Eugen Diederichs-Verlag: München 1960, S. 98.

3 Lukas 10, 38–42.

4 Siebenthal, Wolf v.: a. a. O., S. 356.

5 Näheres dazu bei Siebenthal, Wolf v.: a. a. O., S. 122 ff., 183 ff.

6 Er hat offenbar bereits ein *inneres Programm,* einem umständlichen Ritual vergleichbar, gemäß dem *alle Möglichkeiten berücksichtigt werden müssen.* Die Intuition steht von Natur aus in Beziehung zu Programmen, und natürlicherweise sieht der Intuitive nicht in erster Linie das jetzige und vorhandene Reale, sondern *viele Möglichkeiten zukünftiger Realisierungen.* Diese Programme sind weitgehend starr und müssen befolgt werden. Sie wirken wie ein Zug auf Gleisen, und alle sonstigen Bewegungsmöglichkeiten rechts und links werden nicht mehr berücksichtigt. Aus diesem Grunde zeigen viele Intuitive *rücksichtslose Züge* in der Verfolgung ihrer Ziele. Ihre Rücksichtslosigkeit ist ihnen häufig unbewußt.

7 Über die diesbezügliche Anfälligkeit der Empfindungstypen siehe S. 97 ff.

8 Vgl. dazu Siebenthal, Wolf v.: a. a. O., S. 119.

9 Es handelt sich um die alchemistische Circumambulatio um das zu erkennende und befreiende, zugänglich zu machende zentrale Objekt. Dabei ist die links gerichtete «Umwanderung» eine solche auf das Unbewußte hin, die rechts gerichtete und im Uhrzeigersinn erfolgende eine solche auf das Bewußtsein hin. Eine analoge rituelle Circumambulatio vollzogen die Priester der katholischen Kirche im Hochamt um den Altar. Hier soll Gott dem Bewußtsein rituell neu zugänglich gemacht werden.

10 Ich will damit sagen, daß sie die Basis des Wahrnehmens überhaupt

darstellen. Auch entwicklungsgeschichtlich treten sie (in Abwesenheit von Denken und Fühlen) zuerst in Funktion. Z. B. sind staatenbildende Insekten durch Intuition und Empfinden miteinander verbunden, so daß sie nahezu wie ein einziges Lebewesen programmiert handeln (wir sprechen hier gerne von «Instinkten»). Der menschliche Embryo nimmt – von Anfang an – durch Identifizierung mit der Mutter (also auf intuitivem Wege!) deren psychische Zustände wahr, wie wir durch Beobachtungen (später) durch im Traum auftauchende intrauterine Erinnerungen mit recht großer Sicherheit erkennen können – und dies lange, bevor ein Fühlen oder gar Denken sich entwikkelt hat.

11 Mao Tse-Tung ist ein geschichtliches Beispiel für einen ausgeprägten und einseitigen Intuitionstyp. Er lebte ausschließlich für die Erringung und den Erhalt der Macht und scheute keinen Krieg und keine Gewaltanwendung, um sich an ihr zu berauschen. Er lebte von der und für die Macht. Nur dann, wenn Millionen ihm zujubelten, war er zufrieden. Er erlebte sich – dank der Nähe der Intuition zum Unbewußten – als quasi göttlichen und unfehlbaren Heilsbringer und verstand es, den kaum bewußten Gottes- und Machtkomplex der Massen zu mobilisieren, den sie auf ihn kritiklos projizierten. So wurde er für zig Millionen Chinesen und auch für viele ichschwache Europäer zur Heilsfigur, der man blind und bedingungslos folgt wie einer Gottheit: «Er wird alles besser machen, er wird uns alle retten – durch ihn werden auch wir mächtig!»

Mao lebte von intuitiv erfaßten Ideen, z. B.: «Spatzen fressen einen Teil der Ernte auf. Wenn man alle Spatzen tötet, wird die Ernte sehr üppig, und es wird keine Hungersnot mehr geben.» Er befahl, daß im ganzen Reich alle Sperlinge getötet werden. So geschah es auch. Die Folge: drei Jahre entsetzlicher Hungersnot mit Millionen von Toten, weil Würmer, Raupen, Käfer und andere Insekten, von denen sich sonst die Sperlinge ernährten, ungehindert gedeihen konnten und zum Teil mehr als die Hälfte der Ernte auffraßen. Niemand merkte, daß der große Führer Mao leider *nicht denken* konnte.

Millionen von hungernden Chinesen ernährten sich dann von Baumrinden. Sie wurden zu jahrelanger Zwangsarbeit verurteilt. Bäume waren «Staatseigentum», und die Hungernden machten sich des Verbrechens schuldig, den Staat geschädigt zu haben (der Staat war Mao selbst). Mao war sehr grausam, und niemand merkte, daß er leider auch *nicht fühlen* konnte. Dementsprechend brauchte Mao sehr viele junge Konkubinen, mit denen er sich sexuell amüsierte und auch da seine Machtbedürfnisse auslebte. Zu keiner entwickelte er ein Gefühl. Kaum gebraucht, warf er sie weg, und ein neues Opfer mußte herhalten. Er verzehrte die jungen Mädchen wie Gemüse.

Mao erlag auch der Gefahr, die natürlicherweise der Intuition eigen ist: *täuschen und getäuscht werden*. Er war ein großer Betrüger. So forderte er sein Volk auf, Kritik an ihm und an der Partei zu üben. Etliche Millionen taten das dann auch. Gutgläubig fielen sie auf den Trickreichen herein und büßten es mit 20 Jahren Zwangsarbeit! Als Mao befürchtete, Macht und Akklamation zu verlieren, kam ihm die Idee mit dem «roten Büchlein», das er schrieb und mittels einer Auflage von 300 Millionen Exemplaren unter das Volk verteilte. Die Menschen griffen danach, als ob die definitiv erlösenden Heilsworte drin ständen, und waren ergriffen und begeistert.

Das Büchlein selbst ist eine recht banale Spruchsammlung mit einigen polemischen Teilwahrheiten (weshalb es eben keine Wahrheiten sind). Sein Inhalt hätte aber vor keinem Forum des Denkens oder Fühlens irgendeinen Bestand. Für die Intuition ist eben das Wahre und Gute irrelevant, nur die billig zu habende Überzeugung hat einen Wert.

Natürlich hatte Mao selbst als Intuitiver auch Vorbilder, nämlich Stalin und ein alter chinesischer Herrscher, wobei sich Mao rühmte, ihm an Härte und Grausamkeit weit überlegen zu sein.

12 Vergl. Siebenthal, Wolf v.: a. a. O., S. 276.

13 Unser Wort Intuition stammt aus dem lat. intus (innen, drinnen, inwendig, von innen, nach innen, hinein) und lat. ire (gehen, begeben). Es heißt wörtlich ein Nach-innen-gehen. Im weiteren Sinne bedeutet intuire hinein blicken, hinsehen, betrachten, erwägen, anstaunen, berücksichtigen.

14 Das Wort stammt von lat. vas (göttliches Gesetz, Schicksal, Verhängnis) und von lat. fascinum (Zauberwort, Behexung, Verzauberung).

15 Lukas 6, 19.

16 Griech.: holos (gleich, ganz).

17 Vgl. dazu S. 188 ff.

18 Synchronizität als ein Prinzip akausaler Zusammenhänge. In: Jung, C. G. und W. Pauli: Naturerklärung und Psyche. Studien aus dem C. G. Jung-Institut, Zürich. Band 4. Rascher Verlag: Zürich 1952.

19 Meine, Dirk: Machtaspekte im Spannungsfeld des sogenannten Bösen. In: Zeitschrift für analytische Psychologie und ihre Grenzgebiete, Karger Verlag: Basel. Februar 1993, S. 45.

20 In diesem Zusammenhang ist die Frage nach dem Schicksal des Ich-Komplexes im Tod legitim, insofern er ja nach der Zeugung aus dem Gotteskomplex hervorgeht. Ich gehe davon aus, daß das Ich im Tode wieder in den Gotteskomplex zurückkehrt, aus dem es entstanden ist. Betrachten wir Kirchen und Kathedralen (die Gotteshäuser) als Projektionen des uns unbewußten psychischen Gottes (des Gotteskomplexes), dann würde die Vorliebe, die Toten in der Kirche zu begraben, darauf hinweisen, daß das Ich im Tod sich wieder im Gotteskomplex auflöst, also zu Gott zurückkehrt. Aus Platzmangel werden die Toten um die Kirche herum bestattet, wobei die Einfriedung (der «Friedhof») als eine erweiterte Kirche anzusehen ist. Pharaonen wurden und Päpste werden in der Pyramide bzw. in der Krypta der Kirche zur Ruhe gebettet.

21 Insel Verlag: Leipzig, 66.–75. Tausend, o. J.

22 Meister Eckhart: Mystische Schriften. Insel Verlag: Leipzig, Taschenbuch 1302, 1. Aufl. 1991, S. 172.

23 Meister Eckhart: a. a. O., S. 170.

24 Meister Eckhart: a. a. O., S. 154.

Joel Covitz

Der Familienfluch

Seelische Kindesmißhandlung
Aus dem Amerikanischen von Dieter Kuhaupt
196 Seiten, Broschur

«Der Autor beschäftigt sich im vorliegenden Buch mit den Folgen und Ursachen seelischer Kindesmißhandlung. Er versteht unter Kindesmißhandlung im weitesten Sinne die Tatsache, daß negative Eltern-Kind-Interaktionen sich chronisch wiederholen und die gesunde Entwicklung des Kindes stören. Er untersucht ausführlich die verschiedensten Arten von Kindesmißhandlung, z. B. unzulängliche Eltern, die erstikkende, überdistanzierte, inzestuöse oder unterbehütete Verhaltensweisen praktizieren... Das Buch veranschaulicht in einer – auch für nicht therapeutische Fachleute – verständlichen Form mögliche Ursachen und Formen von Mißhandlungen, ohne sich auf sexuellen Mißbrauch und andere schwere Formen körperlich-seelischer Mißhandlungen zu beschränken...»

Deutsche Krankenpflege-Zeitschrift, Stuttgart

C. G. Jung

Seminare: Kinderträume

Supplementband zu den Gesammelten Werken
Herausgegeben von Lorenz Jung und Maria Meyer-Grass
678 Seiten mit Zeichnungen

Seminare: Traumanalyse

Supplementband zu den Gesammelten Werken
Herausgegeben von William McGuire
811 Seiten mit zahlreichen Abbildungen

Seminare: Analytische Psychologie

Supplementband zu den Gesammelten Werken
Herausgegeben von William McGuire
Etwa 230 Seiten mit Grafiken
erscheint Frühjahr 1995

WALTER-VERLAG